CB060589

CONTROVÉRSIAS
ENTRE O "DIREITO DE MORADIA" EM FAVELAS E O DIREITO DE PROPRIEDADE IMOBILIÁRIA NA CIDADE DO RIO DE JANEIRO
O "DIREITO DE LAJE" EM QUESTÃO

CLÁUDIA FRANCO CORRÊA

CONTROVÉRSIAS
ENTRE O "DIREITO DE MORADIA" EM FAVELAS E O DIREITO DE PROPRIEDADE IMOBILIÁRIA NA CIDADE DO RIO DE JANEIRO
O "DIREITO DE LAJE" EM QUESTÃO

TOPBOOKS

Copyright © 2012 Cláudia Franco Corrêa

EDITOR
José Mario Pereira

EDITORA ASSISTENTE
Christine Ajuz

REVISÃO
Ana Lucia Gusmão

CAPA
Adriana Moreno

DIAGRAMAÇÃO
Arte das Letras

CIP-BRASIL. CATALOGAÇÃO-NA-FONTE
SINDICATO NACIONAL DOS EDITORES DE LIVROS, RJ

C841c
Corrêa, Cláudia Franco, 1964
    Controvérsias: entre o "direito de moradia" em favelas e o direito de propriedade imobiliária na cidade do Rio de Janeiro: o "direito de laje" em questão / Cláudia Franco Corrêa. - Rio de Janeiro: Topbooks, 2012.

    286 p.: 23 cm

    Inclui bibliografia

    ISBN 978-85-7475-213-6

    1. Direito de propriedade. 2. Propriedade - Aspectos sociais. 3. Favelas Rio de Janeiro (RJ). 4. Usucapião - Rio de Janeiro (RJ). I. Título.

12-7697.   CDU: 347.23

22.10.12   29.10.12   040069

TODOS OS DIREITOS RESERVADOS POR
Topbooks Editora e Distribuidora de Livros Ltda.
Rua Visconde de Inhaúma, 58 / gr. 203 – Centro
Rio de Janeiro – CEP: 20091-007
Telefax: (21) 2233-8718 e 2283-1039
E-mail: topbooks@topbooks.com.br
Visite o site da editora para mais informações
www.topbooks.com.br

SUMÁRIO

Apresentação – *Ricardo Pereira Lira* 13
Introdução 23

I – A problemática..27

II – O método e seus desafios..33

III – A favela como meio de acesso à moradia e causa de problemas e soluções para a cidade. Uma introdução a versões de um antigo dilema...47
Cortiços: as sementes das favelas...53
Favela: uma reação inclusiva no espaço da cidade................74

IV – O modo de vida e reprodução social na favela de Rio das Pedras...111
O espaço físico em Rio das Pedras e sua ocupação............129
O "direito de laje" em Rio das Pedras: a compra de sonhos e sua realização...152
A Associação de Moradores – sua função no mercado imobiliário: atividade cartorial e administração de conflitos de moradia na favela...168

O mercado imobiliário em Rio das Pedras: locação,
compra e venda – uma ilegalidade ou uma realidade? 186
O mercado das locações 188
Compra e venda: multiplicidade negocial 194

V – As complexidades legais para aquisição do direito de
propriedade como impasse na execução ao direito de morar
– a cidadania em questão..201
A aquisição negocial do direito de propriedade no sistema
jurídico brasileiro: a opção pelo sistema registral................204
Usucapião coletiva 222
Direito de superfície..233
Legitimação da posse 239

Conclusão..261
Referências bibliográficas..265
Anexos...277

AGRADECIMENTOS

É muito gratificante chegar ao final de uma trajetória e perceber que, a despeito da solidão necessária para o desenvolvimento de um trabalho de pesquisa, nada seria possível sem o apoio de certas pessoas.

O presente livro, originado de minha tese de doutorado em Direito, defendida em 11 de abril de 2011, na Universidade Gama Filho, Rio de Janeiro, foi sem dúvida resultado da colaboração generosa de várias pessoas. Razão que me faz pontuar, em forma de agradecimento, a dedicação de algumas, em especial.

Ao Centro Universitário da Cidade, nas pessoas dos professores Fernando Braga e Wando Cantieri, pelo investimento sério e prestimoso concedido na condição de pesquisadora, não só através da concessão de bolsa, que financiou parcialmente meu doutorado, como também pelas inúmeras vezes em que atenderam minhas solicitações acadêmicas, em atitude de estímulo à pesquisa realizada em Rio das Pedras.

Ao Dr. Ronald Guimarães Levinsohn, o maior incentivador na publicação de minha tese de doutorado que ora se apresenta como livro.

Aos professores Maria Stella Amorim e Roberto Kant de Lima com suas formações na área da sociologia e antropologia, empreenderam um saber "diferenciado", incutindo dentre tantas interlocuções, a crítica à minha formação jurídica ortodoxa repleta de "pensamentos prontos", me fazendo compreender a real função que o Direito deve ter na sociedade. As exigências de suas ponderações me trouxeram inquietações extremamente necessárias para que fosse possível me encontrar como pesquisadora. Sem dúvida, um precioso privilégio!

Ao professor Ricardo Pereira Lira agradeço o convívio em sala de aula, quando, por inúmeras vezes, dividiu seus conhecimentos sobre temas afetos à minha pesquisa. A forma gentil com que expressa o conteúdo jurídico tão bem embasado seduz qualquer aluno que possui a vantagem dessa convivência.

Em outro convívio acadêmico, na qualidade de professora, devo registrar meus agradecimentos a Daniela Moreira, Irineu e Josie. A inquieta Dani, que me possibilitou conhecer Rio das Pedras, também contribuiu generosamente com inúmeras interlocuções essenciais à pesquisa, fazendo nascer uma amizade da qual muito me orgulho. Igualmente, os meus queridos Josie e Irineu, mais que meus auxiliares, se tornaram grandes amigos.

Fora do ambiente acadêmico, a família se revela como um porto seguro. Todos foram pessoas maravilhosas e compreensivas. Obrigada pela confiança e o amor provado em alguns momentos de dificuldade.

Aos amigos leais que sempre me deram o estímulo encorajador, demonstrando que atos valem mais que palavras: Mônica Arcoverde, Eliane Souza, Luciana Marques, Rodrigo Piffer, Bárbara Lupetti, Fátima Santoro, Otto Gerstenberger, Carla Cardoso, Antônio Renato, Tatiana (meu braço direito), Katia Valéria, José Mauro, Simone Strellita e Maria Helena Mello.

Aos professores José Eduardo Assis e Patrícia Dusek, pelo estímulo e confiança que sempre me dirigiram na condição de professora e pesquisadora.

Também quero registrar meu agradecimento à Associação de Moradores de Rio das Pedras, aos presidentes e funcionários com quem tive contato no decorrer da pesquisa, sempre solícitos e atenciosos.

Aos moradores de Rio das Pedras meu agradecimento especial, posto que nada seria possível sem a generosa atenção com que fui recebida na favela. O contato com eles mudou muito minha forma de perceber o direito, a vida, o que me possibilita constatar que tal contato foi motriz primordial de uma nova concepção que trago não apenas como pesquisadora, mas principalmente como pessoa.

APRESENTAÇÃO

Como temos dito em vários textos publicados em revistas técnicas, nos países subdesenvolvidos, e mesmo nos países em desenvolvimento, como o nosso, a ocupação do espaço urbano se faz de maneira absolutamente irregular e iníqua, marcada pelo déficit habitacional, pela inexistência ou carência de serviços de infraestrutura, ocupação predatória de áreas de conservação e preservação ambiental, serviços de transporte deficientes, estressantes e poluentes, provocando a deslegitimação da autoridade pública, com a criação de um Estado paralelo e gerando conflitos fundiários e sociais, de que é expressão dilacerante a violência urbana.

Tais fatos evidenciam a necessidade indeclinável da adoção de uma política habitacional, assentada na função social da propriedade e na função social da cidade, em que assume relevância a questão da regularização fundiária, que nada mais é que ablação, regularização e/ou titulação dos assentamentos irregulares.

Essa regularização fundiária é uma concepção genérica que abrange a regularização dos loteamentos irregulares e clandestinos, das construções em áreas públicas sem a prévia observância do devido processo legal, em áreas de conservação e preservação ambiental, bem como a urbanização e titulação de áreas de assentamento de populações carentes, como as favelas, palafitas e mocambos.

Relevante também na regularização fundiária das áreas de assentamento de populações de baixa renda que, após a regularização, livre de compromissos partidários, se incremente a conscientização política da comunidade, através de uma concepção sólida de cidadania.

A regularização fundiária das ditas áreas é hoje uma imposição constitucional, por isso está ligada essencialmente ao princípio da preservação da dignidade da pessoa humana.

Regularização, reitere-se, é titulação, urbanização e conscientização política.

Raramente as elites dirigentes se preocupam com essa questão, sendo certo que ela deveria estar na pauta de todas as autoridades, nacionais, estaduais e municipais.

O primeiro governo federal a atentar para a problemática foi o do Marechal Eurico Gaspar Dutra, que criou a Fundação da Casa Popular. Basicamente o programa consistia no subsídio concedido pelos vários institutos de previdência, que estavam segmentados por categorias, como, por exemplo, o instituto dos comerciários, o instituto dos bancários, dos industriários etc... Implicava na realocação dos ocupantes em conjuntos habitacionais, subsidiados por empréstimos especiais, que possibilitavam a aquisição das unidades pelas pessoas de baixa renda. O programa não prosperou, pois esses conjuntos residenciais se favelizaram, seguramente porque foram construídos em lugares muito distantes de onde estavam localizadas as populações assistidas, que, assim, ficaram muito longe de seus locais de trabalho. Não se deu a devida atenção ao problema fundamental da mobilidade urbana. Outros governos tentaram soluções tópicas, mas nenhuma delas rendeu o que se esperava.

Mais recentemente o governo do presidente Luiz Inácio Lula da Silva concebeu, no âmbito da Política de Aceleração do Crescimento (PAC), o Programa Minha Casa Minha Vida, configurado na Medida Provisória nº 459, de 25 de março de 2009, que se converteu na Lei nº 11.977, de julho de 2009, dispondo sobre a regularização fundiária de assentamentos localizados em áreas urbanas. Esse diploma legal, no seu artigo 50, estabelece que a regularização fundiária consiste no conjunto de medidas jurídicas, urbanísticas, ambientais e sociais que visam à regularização de assentamentos urbanos e à titulação de seus ocupantes, de modo a garantir o direito social à moradia, o pleno desenvolvimento das funções da propriedade urbana e o direito ao meio ambiente ecologicamente equilibrado. No seu artigo 58, a lei cuida especificamente da regularização fundiária de interesse social, estabelecendo que esse projeto deverá considerar as características da ocupação e da área ocupada para definir parâmetros urbanísticos e ambientais específicos, além de identificar os lotes, as vias de circulação e as áreas destinadas ao uso público. Importa considerar que, em princípio, a regularização se faz de maneira desjudiciarizada. A iniciativa pode ser do Poder Público em geral, que providencia um auto de demarcação urbanística, com as características definidas na lei. O auto é o que conduz ao registro de propriedade urbanística, tendo em vista sua aquisição por usucapião, nos termos do art. 183 da Constituição.

A Lei 11.977, de 2009, foi alterada pela Medida Provisória 514, de 2010, mas basicamente o desenho da legitimação de posse, convertida em propriedade, é o que acaba de ser acima descrito.

Talvez fosse o caso de simplificar a solução trazida pelo Programa Minha Casa Minha Vida, com duas pequenas alterações, no artigo 65, da Lei nº 11.977, de 2009: reduzir o prazo de convolação da posse legitimada em propriedade para dois anos e eliminar a referência final a usucapião, que só abre oportunidades para que posições conservadoras venham a oferecer empecilhos para a titulação das áreas ocupadas por populações de baixa renda. Nada impede que, após determinado prazo, que seria mais exíguo, por determinação da lei, a posse legitimada se transforme em propriedade. É inegável a importância da solução preconizada pelo Programa que busca dar concretude ao artigo 6º da Constituição de 1988, que consagra o direito à moradia como um direito fundamental, sempre atento ao princípio também fundamental da dignidade da pessoa humana. É importante a desjudiciarização do problema, através da conversão da legitimação da posse em propriedade, *ministerio legis.*

Vale por em tela o fenômeno do direito de laje nos assentamentos das populações de baixa renda.

Todos sabemos que nas comunidades se identifica um hábito corrente de o ocupante ceder a utilização da laje de sua moradia a terceiro, gerando, na informalidade desse costume, o chamado "direito de laje". Tal situação está presente não só em favelas do Rio de Janeiro, como, por exemplo, Rio das Pedras, Rocinha, Vidigal, Cantagalo, Pavão e Pavãozinho, bem como em comunidades localizadas em outros pontos do país.

No ordenamento jurídico brasileiro, tanto no Estatuto da Cidade (art. 21) como no Código Civil (art. 1369), temos contemplado o direito de superfície. Mas o primeiro diploma legal alude à concessão do proprietário urbano para que o superficiário edifique sobre o seu *terreno*, no subsolo ou no espaço aéreo a ele relativo, não cogitando da espécie em que o superficiário conceda a outrem essa faculdade sobre propriedade superficiária. Semelhantemente, o Código Civil também só cuida da possibilidade de o proprietário do *terreno* conceder a outrem o direito de nele construir ou plantar. Não prevê a possibilidade de o superficiário fazer essa concessão relativamente à sua propriedade superficiária. A faculdade de ele conceder a outrem o direito de construir sobre a sua propriedade superficiária é o que se chama de sobrelevação.

Na Suíça, onde o direito de superfície é modalidade de servidão, ele é formulado de maneira a admitir a existência da sobrelevação, pois não se alude a que o concedente seja o proprietário do terreno, mas sim à realização de construções em geral, abaixo ou acima do imóvel, e a ele ligadas permanentemente.

O artigo 675, Direito de Superfície, da codificação suíça está assim concebido:

"1. As construções e outras obras realizadas abaixo ou acima de um imóvel, ou a ele ligadas de qualquer modo permanente, podem ter um proprietário diferente, desde que estejam inscritas como servidões no registro de imóveis.

2. Os diversos andares de uma casa não podem ser objeto de um direito de superfície."

Partindo da concepção suíça, poderiamos, *de lege ferenda*, acrescentar um parágrafo ao artigo 21 do Estatuto da Cidade, que seria um parágrafo sexto, nos seguintes termos:

"Art. 21. §6º. O superficiário poderá conceder o direito de superfície sobre a sua propriedade superficiária, observada a legislação urbanística."

Dessa maneira, ao se fazer a demarcação urbanística, quando apresentasse uma hipótese de direito de laje, poder-se-ia aplicar a sobrelevação, legitimando-se a posse do primeiro ocupante, bem como as dos ocupantes sucessivos. Passado o prazo, que já agora seria de dois anos, as posses legitimadas de cada unidade se convolariam em domínio. Essas superposições de propriedades seriam possíveis até o limite do gabarito previsto para a área.

Ficou exposta acima uma das formas de legalização do direito de laje.

A outra modalidade de formalização desse fenômeno consistiria no fato de que o oficial do registro de imóveis, no exercício da sua competência desjudiciarizada, ao se confrontar com o direito de laje, no processo de regularização fundiária, elaborando o auto de demarcação urbanística, indagaria dos interessados se desejariam legalizar a sua situação pela via da adoção de um memorial de incorporação, através do qual se concretizaria a concepção de um verdadeiro condomínio em edifício de apartamentos, inclusive com a atribuição a cada um dos ocupantes de fração ideal do terreno sobre que se assenta a construção. Tudo nos termos do que acontece na cidade formal, com as adequações necessárias, na conformidade da Lei nº 4.591, de 16 de dezembro de 1964, que dispõe sobre o condomínio em edificações e as incorporações imobiliárias.

Acabam de ser consideradas as eventuais soluções, no plano do direito formal, que poderiam ser encontradas visando à titulação ou legalização do direito de laje, em comunidades onde ocorre essa verticulação do direito à moradia.

Vale, agora, por em tela o aspecto fático do direito de laje.

Cabe ter em vista as circunstâncias socioantropológicas que levaram os habitantes das comunidades a adotar essa modalidade de moradia, sob a forma de crescimento vertical, como meio de alcançar e concretizar esse direito fundamental.

Para tal fim é indispensável conhecer, em toda a sua extensão, o trabalho realizado na comunidade de Rio das Pedras, na Zona, Rio de Janeiro, pela eminente professora Cláudia Franco Corrêa.

Foi um trabalho de campo excepcional, resultado de imensa dedicação, entrega total, chamando a atenção para o direito de laje como forma de acesso ao direito de moradia, trabalho que se transformou na tese de doutorado da ilustre acadêmica, submetida ao Programa de Pós-Graduação em Direito da Universidade Gama Filho. Essa tese recebeu o título "Controvérsias entre "o direito de moradia" em favelas e o direito de propriedade imobiliária na cidade do Rio de Janeiro. O "direito de laje" em questão".

A análise da tese se efetivou em 8 de abril de 2011, realizada por uma banca constituída pela professora doutora Maria Stella Faria de Amorim, coordenadora do Programa, orientadora da doutoranda e presidente da comissão examinadora, e ainda pelos professores doutores Felipe Chiarello de Souza Pinto, José Eduardo Ribeiro de Assis, Roberto Kant de Lima e, finalmente, pelo autor desta apresentação.

A tese, pela sua excelente qualidade, seja na sua elaboração, seja na sua defesa, mereceu unanimemente a nota máxima, com os atributos de distinção e louvor.

Esta tese vem agora a lume. Pelo seu teor, riqueza de informações, seriedade da pesquisa, não pode deixar de ser lida e considerada por todos aqueles que se interessam pela relevante questão do direito de laje, tão sensível e importante para a ciência jurídica como instrumento de transformação social, voltada à verdadeira cidadania e concreção da dignidade da pessoa humana.

É o que devo dizer no momento em que se torna pública a reflexão da eminente professora Cláudia Franco Corrêa, com a expressão dos meus agradecimentos pela honra de fazer a apresentação de trabalho tão significativo do ponto de vista social e humano.

Muito obrigado.

Rio de Janeiro, 9 de janeiro de 2012

Ricardo Pereira Lira
PROFESSOR EMÉRITO DA UNIVERSIDADE
DO ESTADO DO JANEIRO (UERJ)
PROFESSOR TITULAR DA PÓS-GRADUAÇÃO EM
DIREITO DA UNIVERSIDADE GAMA FILHO (UGF)

FAVELA

Numa vasta extensão
Onde não há plantação
Nem ninguém morando lá
Cada pobre que passa por ali
Só pensa em construir seu lar
E quando o primeiro começa
Os outros depressa procuram marcar
Seu pedacinho de terra pra morar

E assim a região
Sofre modificação
Fica sendo chamada de nova aquarela
É aí que o lugar
Então passa a se chamar favela.

(SAMBA DE AUTORIA DE
PADEIRINHO E JORGINHO PEÇANHA)

INTRODUÇÃO

Entre tantos aspectos ressaltados no presente livro destacam-se as sérias restrições jurídicas e judiciárias no que tange ao alcance do acesso ao direito de morar para a população pobre, de maneira especial aquela que vive em favelas. Tais restrições deságuam prioritariamente no acesso ao direito de propriedade de suas moradias, direito este que se manifesta no ordenamento jurídico brasileiro, como se verá, em privilégio não acessível à considerável parcela dos brasileiros, ainda que o direito de moradia esteja consagrado em carta constitucional como um direito social.

Essas limitações conduziram, e ainda conduzem, a população empobrecida, alijada da condição essencial de ter onde morar, à necessidade de desenvolver arranjos próprios que viabilizem o acesso à moradia, ainda que refutada de amparo legal.

Assim, o presente trabalho privilegia algumas questões voltadas para a dificuldade de acesso ao direito de morar das camadas mais pobres, demonstrando que essas dificuldades acabam gerando inúmeras articulações realizadas em conglomerados habitacionais, denominados favelas, que deem acesso, ainda que na esfera da ilegalidade, à moradia para milhares de pessoas.

Para tanto, se faz necessário perceber que, em decorrência da ausência histórica de políticas públicas voltadas ao atendimento desse acesso, a favela se constrói como um grande dilema, pois, se de um lado se compõe como uma solução viável de sobrevivência para certos segmentos da sociedade, por outro é vista como causadora de inúmeros problemas para a cidade.

Essas contradições não são novas, e, ao analisar a trajetória da ocupação irregular, em especial na cidade do Rio de Janeiro, nota-se que os descuidos dos agentes públicos, no que tange a uma cidadania igualitária, acabam por fomentar tais dilemas, que datam de mais de 100 anos.

Portanto, a lacunosa atuação estatal contribui sobremaneira para as reações sociais que visam, sobretudo, à autoinclusão no espaço da cidade. Dessa maneira, pode-se afirmar que as favelas são, antes de tudo, um esforço de resistência, posto que raros foram os momentos em que o ente público pensou na população pobre quando da distribuição dos recursos e bens urbanos.

Também é fato que o Direito, historicamente, contribuiu para que esse processo de alijamento fosse mantido, razão pela qual é possível constatar, nos dias atuais, a presença de um robusto mercado imobiliário dentro das favelas. Sem opção de inserir-se na estrutura da moradia legal, pois a aquisição do direito de propriedade lhes é inacessível, os moradores de favelas constroem arranjos sociais que lhes possibilitem participar de uma estrutura de circulação de riquezas inoficial, mas que articula suas vidas cotidianas, ainda que diante da ausência do Estado.

Para compreender essas nuances, empreendi um trabalho de campo em Rio das Pedras, favela carioca situada entre os bairros de Jacarepaguá e Barra da Tijuca, no Rio de Janeiro. Aí sobressai um "direito de laje", principal instrumento institucionalizado de verticalização de moradias, que fomenta o mercado imobiliário, não só da favela em questão, como de outras na cidade, o que me permitiu compreender a estruturação de tantos arranjos que são efetivados localmente como consequência da omissão do Estado em não promover acesso a um direito tão basilar à dignidade das pessoas.

O trabalho que ora se apresenta foi estruturado em cinco capítulos.

No primeiro privilegia-se a demonstração do problema pesquisado, com seus recortes essenciais, com o objetivo precípuo de traçar as linhas principais de investigação e, sob certa perspectiva, proporcionar uma introdução mais depurada do trabalho.

O segundo capítulo cuida do método empregado na pesquisa com todos os seus desafios. Pode-se dizer que, nesta parte, me permito partilhar inclusive aspectos subjetivos e pessoais, principalmente as dificuldades que enfrentei em optar, mais uma vez em um trabalho de pesquisa, pela atuação em campo. Além de explicitar a escolha pelo método empregado, considerei a utilidade de dividir minha vivência, como operadora do Direito, no campo, principalmente porque, diferentemente da minha experiência no mestrado, no doutorado tal empreendimento levou mais de dois anos, o que me possibilitou maior amadurecimento e necessidade de estranhamento com tantas questões já engessadas em minha cápsula jurídica.

O terceiro capítulo contextualiza historicamente a dimensão do processo de formação das favelas cariocas, demonstrando que suas origens se encontram atreladas a um âmbito de pobreza e de ausência de políticas públicas sérias direcionadas ao acesso ao direito de morar às classes menos favorecidas.

No quarto capítulo encontra-se a descrição do trabalho de campo desenvolvido em Rio das Pedras, onde estive durante mais de dois anos. O objetivo principal deste capítulo está na explicitação de como se expressa o direito de moradia em uma favela carioca através da descrição do modo de viver de seus moradores, como ocorre com o "direito de laje".

Finalmente, o quinto capítulo enseja as reflexões sobre os entraves jurídicos e judiciários que dificultam a exequibilidade do direito de propriedade à boa parcela da população brasileira, ou seja, as complexidades para adquirir esse direito se tornam impasses na execução do direito de morar, o que questiona a própria cidadania, uma vez que, sendo um direito fundamental, sua não concessão descuida da cidadania e imprime a categorização de cidadãos mais ou menos privilegiados.

I
A PROBLEMÁTICA

A proposição principal do presente trabalho trata da delimitação do Direito brasileiro para regular e permitir o acesso à moradia de segmentos sociais economicamente carentes. Essa questão é facilmente percebida nos obstáculos legais existentes de acesso ao direito de propriedade dessas pessoas.

Isso não é novo e envolve uma problemática muito mais ampla, já plasmada na formação histórica brasileira, que, através dos tempos, vem ganhando formatações distintas. Esta tese trata do direito de acesso à moradia, hoje assegurado na Constituição Federal, mas ainda sem eficiência.

Embora estabelecido no artigo 6º da Carta Magna como direito social,[1] o acesso à moradia para a classe pobre ainda se encontra atado à tradição institucionalizada no formato de favelas[2] que en-

---
[1] Art. 6º – "São direitos sociais a educação, a saúde, o trabalho, a moradia, o lazer, a segurança, a previdência social, a proteção à maternidade e à infância, a assistência aos desamparados, na forma desta Constituição."

[2] Entende-se por favela a área predominantemente habitacional, caracterizada por ocupação clandestina e de baixa renda, precariedade da infraestrutura urbana e de serviços públicos, vias estreitas e alinhamento irregular, ausência de parcelamento formal e vínculos de propriedade e construções não licenciadas, em desacordo com os padrões legais vigentes.

contramos nas grandes metrópoles brasileiras, particularmente no Rio de Janeiro, onde a favela de Rio das Pedras, localizada entre os bairros de Jacarepaguá e Barra da Tijuca, foi tomada como foco de nossa atenção.

As favelas cariocas não são apenas lócus de moradia de pobres, mas conglomerados organizados que exibem um modo de vida e reprodução social típicos nem sempre reconhecido por camadas sociais que desenvolveram trajetórias históricas distintas do típico morador de favelas na atualidade.

Seria possível dizer que a favela construiu uma história própria, pois sua trajetória permite apreciar um desenvolvimento característico, apesar de, em muitas circunstâncias, tais conglomerados ainda serem vistos como locais atrasados.

Entre os aspectos privilegiados no trabalho que empreendemos serão destacados: a formação de um mercado próprio, modos diferenciados de acesso a serviços de utilização pública e de infraestrutura, limitações legais em relação à construção e aquisição de moradia. Nessa perspectiva, não só a moradia recebe conotação especial como dela decorrem aspectos surpreendentes, resultantes do modo de vida construído na favela em que foi realizada a pesquisa. Além da construção de um mercado próprio e de maneiras diferenciadas de acesso a serviços públicos, destaca-se a presença de um mercado imobiliário local que está além da superfície. Nele sobressai um "direito de laje", que não apenas contribui para verticalizar as moradias, como concede considerável impulso às transações imobiliárias, sem, contudo, assegurar a titularidade das propriedades, o que comumente ofereceria situações de insegurança e de conflito, uma vez que não são elas reconhecidas pelo direito oficial brasileiro.

Entretanto, arranjos estruturais internos nessas favelas permitem mitigar conflitos de moradia. Para se ter uma ideia, o censo de

2000 indicou que 1.393.314 habitantes[3] vivem em assentamentos urbanos favelados no Rio de Janeiro sem receber a proteção jurídica que os Estados da atualidade oferecem ao atendimento de necessidades básicas à vida de seus cidadãos.

O Direito brasileiro atual apresenta consideráveis limitações para a população que experimenta viver em favelas, em moradias irregulares, sem opção para modificar o quadro que lhe oprime, não viabilizando desfrutar de um direito elementar como a moradia. Dessa maneira, tem-se como objetivo demonstrar e refletir sobre as evidências empíricas aqui reproduzidas a partir de uma argumentação teórica e histórica quanto ao acesso ao direito de moradia no Brasil, com atenção especial às articulações realizadas em favelas da cidade do Rio de Janeiro. Para tanto, toma-se como base a favela de Rio das Pedras na execução de um direito que é difícil de ser conquistado por meios postos e oficiais.

Assim, as formas de apropriação, uso e aproveitamento do solo ganham conotação especial por contribuir para a reflexão sobre as especificidades que assumem as articulações mercadológicas que a favela fará para engendrar sua vida em comum, criando por essa forma "uma espécie de direito inoficial a amparar a infração à lei, fruto do conflito entre o legítimo e o legal, que tem como expressão urbanística a condição de provisoriedade" (Rolnik, 1999:16).

Tais articulações engendradas demonstram, entre tantas questões, as limitações de acesso a direitos que os favelados enfrentam, principalmente o de propriedade, pois, como se verá, os sistemas jurídicos e judiciários oferecem resistência para que determinados atores sociais venham a ser legitimados a adquirir esse direito,

---

[3] Fonte: IBGE. Censo/ 2010.

uma vez que este, tal como é construído na lei, torna inviável a compra do imóvel por meios formais, a despeito de ser a moradia uma necessidade essencial à vida das pessoas. Essa política restritiva, que atinge os mais pobres, institui uma política de segregação que concede tratamento jurídico desigual entre classes econômicas desiguais, uma vez que, somente aqueles que são reconhecidos aptos e, portanto, inseridos no mercado formal podem desfrutar do direito de propriedade como se encontra na textura da codificação civil brasileira.

A lógica predominante na concessão do direito de aquisição imobiliária obedece à diferenciação social entre classes e quebra o princípio da igualdade jurídica, sacrificando-o em favor de um modelo de hierarquização estamental, na qual os direitos são distribuídos desigualmente entre estamentos sociais distintos. Trata-se de uma lógica anterior ao período das revoluções burguesas que antecederam à Revolução Francesa de fins do século XVIII e que marca a era do capitalismo mais avançado na era contemporânea, do qual os mercados atuais descendem.

Mais que isso. Trata-se de atraso que coloca a sociedade brasileira fora da *Era dos direitos*, como diria Bobbio (1992), e dos caminhos trilhados pelas sociedades que alcançaram um desenvolvimento econômico capitalista de primeira linha, associado à construção de seus estados democráticos de direito, fundamentada nas liberdades individuais garantidas aos cidadãos igualmente, sem distinção de credo, ideologia política, raça ou classe, e sem restrições de direitos básicos entre seus cidadãos.

A limitação que ora se aponta leva a sociedade brasileira a retroagir ao tempo da escravidão, da Colônia e do Império, onde os direitos de liberdade frente ao mercado não eram assegurados a todos, apenas aos privilegiados.

Trata-se também de uma lógica que, se imposta a grandes contingentes da população, certamente engendrará respostas, sem dúvida ilegais, mas adotadas em larga escala, como acontece com a construção e regulamentação de mercados imobiliários nas favelas, à margem da lei e do direito, para legitimar a aquisição de moradia aos mais pobres.

A situação que esta tese focaliza indaga se estaríamos certos ao afirmar que o Direito é pacificador e se pauta pelo princípio da igualdade. Nessa concepção ele seria saneador de problemas, de conflitos, mas tal pensamento não se confirma em minha pesquisa, que mostra o Direito como causador de problemas sociais graves, como o impedimento do acesso ao direito de propriedade de moradia a pessoas pobres que adquirem suas casas, que pagam por elas. Em tal circunstância, o Direito é causa de problemas, pois está vestido na roupagem de uma hipótese perversa. As limitações impostas para a aquisição de moradia e a falta de reconhecimento do direito à propriedade para os mais pobres, em especial os moradores de favelas, leva o Direito a ser a causa de efeitos manifestos, como a criação de mercado paralelo, extraoficial e ajurídico na compra e venda de moradias nas favelas. Temos então a situação em que o Direito, longe de ser corretor de desvios, os determina, construção hipotética de que esta tese não foge de apreciar.

II
O MÉTODO E SEUS DESAFIOS

Ao analisar o percurso histórico das favelas cariocas, é possível notar que a questão habitacional no Brasil se revela como um problema antigo, que afligiu, de modo especial, os desprovidos economicamente, principalmente porque, para esses, pouco foi feito em termos de políticas públicas que permitissem acesso à moradia. Dessa forma, os cortiços e, posteriormente, as favelas se tornaram uma alternativa acessível, posto que, diante da ausência de qualquer política governamental que executasse acesso à habitação para as classes trabalhadoras, estas viram nesses conglomerados uma forma de mitigar a precariedade da situação que lhes era imposta.

Dentro desse contexto é interessante observar a reação por parte dos moradores de conglomerados habitacionais carentes. Através da organização de seus espaços, com conexões claras que possibilitam sentir-se inseridos não só no espaço urbano, mas também na esfera mercadológica típica da cidade formal, como forma de normalização ao copiar não só modelos contratuais, mas regramentos jurídicos legais como maneira de legitimar suas transações, fazem funcionar um verdadeiro "direito local" (Geertz, 2006).

Assim, a trajetória da favela na formatação histórica brasileira permite apreciar um desenvolvimento característico, como a composição aos poucos de um mercado próprio, um modo de importação de práticas existentes no espaço urbano legal como meio de satisfação das necessidades básicas que articulam, entre tantas questões, feições diferenciadas de acesso tanto a serviços essenciais (energia, gás, água etc.), como a serviços e bens de consumo.

Percebe-se que não só a moradia se manifesta com significação específica, mas a partir dela vão ocorrer situações inusitadas, derivadas do modo como se compõe a vida na favela. Nesse aspecto, revela-se igualmente importante o mercado imobiliário, principalmente aquele que se dá sobre a superfície, e que dele deriva, como a denominada localmente moradia sobre a "laje".

Dessa forma de construir habitações sobre a laje das casas resulta um "direito de laje" que não só instrumentaliza a verticalização das moradias, fato comum nas favelas cariocas, como viabiliza e aquece o seu mercado imobiliário, ainda que não assegure a titularidade oficial das aquisições realizadas. Tal "direito" incentiva arranjos internos que articulam substancialmente a vida dessas favelas.

É dessa composição social que partiu o interesse em investigar o "direito de laje", um dos manejos utilizados em algumas favelas do Rio de Janeiro como forma de articulação de um mercado próprio, tal como aparece na pesquisa de campo realizada na favela de Rio das Pedras.

Passo assim a narrar minha experiência em campo como forma de explicitar os arranjos comunitários constatados em Rio das Pedras que giram em torno do acesso à moradia, na forma em que são aparentes na comunidade em questão e que buscam a satisfação de necessidades que se interligam a esse acesso. Ressalto ainda que, para imprimir maior compreensão de tal trajetória, passo a descrevê-la na primeira pessoa.

Meu interesse em investigar o direito de moradia decorreu de minha surpresa ao ouvir relatos sobre o assunto. Na ocasião atuava como professora de direito civil em uma IES do Rio de Janeiro, lecionando a disciplina Direitos Reais. Entre tantas questões pertinentes ao estudo jurídico da relação de apropriação de bens pela pessoa, tenho interesse por incongruências do sistema aquisicional da propriedade imóvel no Direito brasileiro. Tais incongruências se expressam em duas questões especiais. A primeira está na própria lei, principalmente naqueles casos em que são percebidas as flexibilizações impostas ao direito de propriedade, tido como a mais singular forma de apropriação jurídica existente no complexo jurídico vigente em nosso país.

Como é possível constatar a limitação desse direito frente às muitas possibilidades de apropriação, menciono a força jurisprudencial e normativa que o contrato de promessa de compra e venda vem recebendo. Quando o vendedor se nega a manifestar a sua vontade em celebrar o contrato definitivo de compra e venda, possibilita ao comprador ajuizar ação adjudicatória contra ele. Nesse caso, o imóvel é adjudicado ao patrimônio do comprador, gerando, dessa forma, uma verdadeira obrigação de concluir a transação prometida entre as partes. Se essa obrigação for descumprida, o Estado, através de sentença judicial, impõe a aderência do imóvel, compulsoriamente, ao nome do comprador. Essa forma é amparada tanto pela lei, como pela jurisprudência.[4]

---

[4] Art. 1.418 do Código Civil Brasileiro – O promitente comprador, titular de direito real, pode exigir do promitente vendedor, ou de terceiros, a quem os direitos deste forem cedidos e, se houver recusa, requerer ao juiz a adjudicação do imóvel.

A força compulsória do contrato de promessa de compra e venda não só gera uma obrigação de dar (portanto, a efetiva entrega do bem), como também poderá ensejar que o promitente comprador venha a ter legitimidade ativa processual em ação reivindicatória que, em sua natureza, se constitui como ação petitória, própria de quem exerce, por excelência, o domínio. Será que o ordenamento jurídico brasileiro tornou, na prática, esse contrato um instrumento de transferência de propriedade e, dessa maneira, um instrumento de aquisição? Ao que parece, a resposta poderá ser positiva.

Independentemente das complexidades técnicas do contrato em comento, o que se depreende é que o direito de propriedade vem sofrendo mitigações, tendo seu campo minado no universo das formas de apropriação por variadas maneiras de se apropriar de bens, reconhecendo a lei ou não.

A segunda questão encontra-se nas situações lacunosas da lei, quando esta não considera que uma relação social possa constituir, por si, relação de apropriação derivada da autorregulação e da autoconstrução. Um ato criativo construído por aqueles que, por razões de mercado, não se ajustam às práticas negociais onerosas que a lei abriga e condiciona como meio oficial de aquisição formal da propriedade, criando verdadeiras categorias de direitos não postos pelo ordenamento legal.

Desse não ajustamento aos ditames da lei decorrem novas modalidades de aquisição, que se instituem no mercado de compra e venda de propriedade imobiliária como categorias de direitos não contemplados pelo ordenamento legal, mas que se impõem nas transações de fato realizadas no mercado e que, em muitos casos, são levados aos tribunais. Tais modalidades de aquisição encerram arranjos comunitários próprios que se legitimam em assentamentos de moradia, geralmente habitadas por segmentos economicamente carentes da população, e que instituem relações de aquisição da propriedade fora do âmbito positivado no Direito, mas que se impõem como direito na vida cotidiana local, inclusive estabelecendo um modo de vida próprio.

A incongruência entre a aquisição formal e a aquisição de fato da propriedade reside entre o direito de moradia, postulado na Constituição Federal como um direito social, e a resistência da ordem jurídica em reconhecer os arranjos legitimados nos conglomerados habitados por segmentos sociais carentes em atualizar o acesso ao direito de moradia na modalidade que lhes é possível.

Uma das modalidades de aquisição de moradia é o "direito de laje", categoria que bem exemplifica a apropriação de bem imóvel em posição verticalizada, também sem previsão no ordenamento jurídico pátrio, pois decorre da plena ocupação horizontal de moradias primitivas, constituídas sobre o solo. O "direito de laje" institui-se plenamente em Rio das Pedras. Associado a esse "direito" está a reprodução acelerada do acesso à moradia na citada favela, onde também vigora um modo de vida próprio, construído por seus moradores.

O "direito de laje" ocorre de diversas formas. A mais recorrente é quando um morador de habitação na superfície vende a outra pessoa o "direito" de construir moradia sobre a laje de sua casa. Outra forma em que se manifesta o "direito de laje" é quando o futuro morador do terreno de superfície vende a sua laje sem que sua casa esteja pronta, ou sem que a laje esteja construída. Nesses casos o vendedor usa o dinheiro da venda da laje para construir ou para dar acabamento a sua futura moradia. Compradores e vendedores admitem tacitamente o "direito de laje", mesmo em circunstâncias especiais, como é o caso do "contrato" de venda de laje não construída (como já descrito acima).

O "direito de laje" concede nova versão na arquitetura da favela, configurando moradias verticais como pequenos edifícios, pois o morador que construiu sua casa sobre uma laje pode vender a laje de cobertura de sua casa a outro comprador, o que caracteriza mais uma modalidade de transação envolvendo o "direito de laje" do comprador, que assim tem acesso a sua moradia. Outra modalidade em que se faz presente esse direito ocorre quando o comprador de uma casa construída na superfície compromete-se a construir um prédio com alguns andares, geralmente três ou quatro, cujos espaços são dispostos em quitinetes[5] destinadas à locação de unidades superpostas para moradia de terceiros, exceto uma delas, que é destinada ao vendedor da casa primitiva.

A verticalização de moradias se apresenta como fonte de rendimentos de aluguel para quem empreende a obra, seja o comprador da casa primitiva ou seu próprio dono. Desse modo, as várias modalidades em que o "direito de laje' se manifesta contribuem para a vitalidade do mercado imobiliário local, cujas transações "contratuais" de compra e venda ou de locação ficam legitimadas na favela, pois atendem à demanda por moradia e, de certo modo, permitem a realização do direito de acesso à habitação, embora tais soluções permaneçam à margem do enquadramento legal ora disponível.

Esta pesquisa focalizou o direito de moradia a partir da investigação das inúmeras possibilidades de apreensão e exercício das titularidades na favela de Rio das Pedras, identificando e qualifi-

---

[5] Quitinete é um apartamento de pequena dimensão, formado geralmente por apenas um quarto, um banheiro e uma sala/cozinha, sendo todos com um espaço extremamente reduzido.

cando as figuras do direito de laje e suas consequentes, como as servidões, os direitos de vizinhança, a locação, entre outros. Enfim, a pesquisa objetivou catalogar e explicar os arranjos jurídicos praticados nas favelas cariocas que estão marginais ao direito formal e são decorrentes do acesso à moradia, do qual resulta o modo de existência específico na vida cotidiana de favelados.

O fato de a favela de Rio das Pedras – analogamente a outras do Rio de Janeiro – ter arquitetado o formato de suas habitações em modalidade vertical, dentro de áreas sem infraestrutura urbana e sem o uso das técnicas empregadas nas construções oficiais dos edifícios em zonas privilegiadas da metrópole, despertou-me interesse. Destaque especial foi concedido a aspectos que podem contribuir para o acesso à moradia própria e digna, um direito do cidadão que, até então, não está plenamente ao alcance dos habitantes das favelas, até porque o direito de propriedade não se mostra suficiente para abrigar as realidades que permitem a apropriação de tudo o que é passível de se apropriar, ou de ser apropriado pelos homens.

Aliás, a aquisição do direito de propriedade no Brasil passa por um sistema legal complexo e contraditório, sem falar na onerosidade para desfrutá-lo, distante da realidade econômica de parte significativa da população, que vê na chamada ocupação irregular[6] uma forma de exercer o acesso à moradia, assunto que tratarei em momento próprio no decorrer do presente trabalho.

Cabe ressaltar ainda que a limitação do direito à moradia, por sua vez, passa a restringir o acesso pleno a outros direitos da cida-

---

[6] Ocupação irregular aqui compreendida como assentamentos urbanos (caracterizados pelo uso e ocupação do solo na cidade) efetuados sobre áreas de propriedade de terceiros, sejam elas públicas ou privadas, sem a necessária observância dos parâmetros urbanísticos e procedimentos legais estabelecidos pelas leis de parcelamento e uso do solo.

dania, como o direito de ir e vir, ou seja, de a pessoa entrar e sair de sua moradia e poder circular em segurança pelo bairro; como o direito de levar seus conflitos aos tribunais (acesso à justiça e ao direito); como o acesso ao direito à educação e à saúde, entre outros direitos inerentes ao cidadão (Carvalho, 2002: 7-11).

Os dados construídos para empreender um trabalho etnográfico sobre a favela encerram representações dos moradores sobre o modo de vida e de reprodução social no interior da comunidade e suas relações com o exterior, mais precisamente os bairros urbanizados da Barra da Tijuca e de Jacarepaguá. O material pesquisado foi obtido com o uso do método de trabalho de campo, viabilizado pela observação participante no interior da favela e de entrevistas abertas com moradores. As informações concedidas foram anotadas em diários de campo e em algumas gravações, pois, já no início da pesquisa, percebi que os entrevistados se intimidavam e não ficavam à vontade diante do gravador, o que comprometia a qualidade e a veracidade dos dados. Alguns moradores abordados se negavam a conceder entrevistas ou mesmo ter uma simples conversa comigo, caso ela fosse gravada. Isso ficou bem claro quando perguntei a uma moradora por que não poderia gravar nossa conversa:

> Não sei o que você vai fazer com isso, você tá falando que é pesquisadora, e se for da polícia? Se tiver gravado podem reconhecer minha voz. Se você gravar, não digo nada, vou cuidar da minha vida. Sem gravação eu falo tudo que sei, conto todas as histórias daqui, como tudo começou, mas gravando não digo nada... seguro morreu de velho!

No entanto, consegui gravar entrevistas com pessoas que já me conheciam antes de eu frequentar a favela e outras durante o trabalho de campo, quando fui apresentada a elas. A resistência às gravações mostrou-me o quanto a caução pessoal é um valor considerado em Rio das Pedras. Ao mesmo tempo foi indicativo do sentimento de ameaça que essas pessoas experimentavam.

As entrevistas abertas me permitiam melhor compreender a vida cotidiana da favela em questão. Minha familiaridade com o trabalho de campo advém do tempo em que o utilizei pela primeira vez na minha dissertação de mestrado: "O reconhecimento jurídico do afeto: a união de pares homoafetivos" (Correa, 2003), sob a orientação do professor Roberto Kant de Lima, com o intuito de avaliar se a união homoafetiva poderia ser considerada como entidade similar à união estável e se haveria a possibilidade de configurar uma família homoafetiva.

Já naquele momento foi despertada certa inquietação de como a etnografia poderia contribuir eficazmente, não só para a realização de um trabalho de pesquisa mais consistente, em se tratando de um programa de pós-graduação *stricto sensu*, mas também aproximar o olhar de um operador do direito, como eu, para as distorções produzidas pela norma, quando esta não atenta para a vida. Assim, as "verdades jurídicas" começaram a ser questionadas dentro da redoma em que antes me encontrava.

Para tanto, ao optar naquele momento por "trabalhar em campo" na feitura de minha dissertação de mestrado, necessitei aprender a ter uma visão mediada, distanciada, diferenciada e reavaliada, como afirma Letícia Freire (2010).

Já naquela época tive que enfrentar o desafio de me aproximar das realidades da vida, compreendê-las e explicá-las, ao mesmo tempo em que praticava, com frequência e continuidade, atividades jurídicas com estilo e tradição muito distintos dos adotados nas ciências humanas. Concedi preferência ao uso do método de observação participante e do trabalho de campo, originários da Antropologia, por me parecerem procedimentos que mais me aproximavam das realidades que pretendia conhecer. Fiz laboriosa investida na perspectiva antropológica e meu interesse decorreu da possibilidade de dominar intelectualmente uma visão que me permitisse lidar com as especificidades do Direito, em grande parte baseadas em "verdades reveladas", assumidas a priori e em abstrações normativas, como ocorreu em minha formação jurídica, e para me pautar em uma ciência que me permitisse ver a realidade tal qual se passava nas relações estabelecidas entre as pessoas (Lupetti, 2007). Mais do que isso, interessou-me conhecer a maneira como as pessoas representavam as relações que experimentavam nos cenários cotidianos de que participavam,[7] sempre envolvendo conflitos.

Obviamente que qualquer operador do Direito que se disponha a olhar para as realidades sociais – depois de conhecer as leis – sempre enfrentará dificuldades na realização de pesquisas empíricas. Como diria Durkheim, as realidades sociais e os fatos sociais que nela ocorrem são *sui generis*, e os juristas quase nunca partem de fatos, mas de postulados que os interpretam: princípios, doutrinas e leis dos quais são deduzidas as "verdades jurídicas".[8] O universo jurídico, apesar de ser constituído por um saber local (Geertz, 2006), no Brasil tende a funcionar mais como um instrumento de regulamentação social apartado da realidade na qual ocorrem os conflitos.

Nesse sentido, os conflitos não são conhecidos, mas tipificados como delitos previstos em leis. Essa pode ser uma das causas

---

[7] Alba Zaluar (1980) organizou coletânea que reúne excelentes textos sobre as vantagens da observação e da comparação em Antropologia.
[8] Ver *As regras do método sociológico.* São Paulo: Companhia Editora Nacional, 2002.

de insucesso na sua administração, o que seria sua função precípua e indispensável nas sociedades contemporâneas. Entretanto, o afastamento muitas vezes existente entre os tribunais, o direito e a sociedade pode obstaculizar a administração dos conflitos pelos tribunais, levando os tribunais a devolvê-los para a sociedade (Amorim, 2006). Pode também levar o campo do direito a não abrigar conflitos que estão na realidade das sociedades e que merecem atenção especial.[9]

Tais perspectivas influenciaram meus estudos, mesmo referindo-se a objetos totalmente diferentes daqueles estudados anteriormente. Encarar o trabalho de campo para um operador do Direito nunca é tarefa fácil. A nossa formação jurídica e judiciária muitas vezes engessa nossa compreensão dos fatos. O excesso de hermetismo praticado no campo jurídico naturaliza os fatos para além do contexto que produz seus significados. No Direito, nem sempre as realidades se revelam suficientes para gerar uma lei, uma norma, uma política pública. Como diz Lupetti (2008: 29), "o Direito, frequentemente, encoberta os óbvios".

Na formação jurídica aprende-se que quem fala são os intérpretes autorizados: "doutrinadores" que expõem suas ideias em manuais, cujas interpretações são deduzidas de proposições abstratas; e magistrados que, para sentenciar sobre casos relatados nos autos, têm o poder de interpretar e decidir livremente, conforme o seu próprio convencimento.[10] Como professora, várias vezes ouvi dos meus alunos o seguinte: "O Direito, na teoria, é uma coisa e, na prática, outra." Na realidade, o que ocorre é que

---

[9] Sobre conflitos não administrados pelo Direito e por tribunais, ver Santos (1988).
[10] Sobre as representações dos juízes acerca do princípio do livre convencimento motivado, ver Teixeira Mendes (2008).

a teoria aplicada na lei nem sempre é a mesma aplicada na prática judiciária, ou seja, podem-se adotar critérios totalmente diferentes ou mesmo não adotar qualquer critério.

Tais questionamentos me levaram a trabalhar em pesquisa usando o método da observação por me permitir cotejar o Direito com as realidades sociais investigadas. Tenho percebido que o diálogo da Antropologia com o Direito possibilita valiosa contribuição, não só para esmiuçar as práticas jurídicas, mas também como instrumento na construção de respostas mais próximas das aspirações e das demandas sociais. Lançar mão de métodos oriundos das ciências sociais tem apresentado, a meu ver, a vantagem de olhar com estranhamento práticas e teorias reproduzidas e pouco questionadas no "mundo do Direito",[11] para que se possa, ao compreendê-las, contextualizando-as, buscar realizar um sentido mais real das aplicações do Direito às realidades sociais.

Minhas experiências anteriores indicaram a relevância da metodologia empírica. Uma descrição detalhada da realidade investigada permite compreender e explicitar os fatos, classificá-los e interpretá-los à luz das categorias representadas pelas pessoas que vivem no campo investigado (Shutz apud Cicourel, 1980). No caso do Direito, configura uma estratégia relevante na apreensão de certos déficits do direito oficial na administração de conflitos, que cria espaços para a legitimação e a institucionalização de normas e de práticas que atendam à ausência de regulação oficial de relações, permitindo equilibrar o atendimento às necessidades da

---

[11] A utilização do termo "mundo do Direito" está associada ao "domínio afirmado como esfera à parte das relações sociais, em que só penetram aqueles fatos que, de acordo com critérios formulados internamente, são considerados como jurídicos", nas palavras de Kant de Lima em *Ensaios de Antropologia e de Direito* (2008:13).

vida cotidiana, sobretudo em conglomerados habitacionais marcados pela pobreza, objeto de meu estudo. Entre muitas outras situações está o "direito de laje", focalizado neste trabalho, tal como acontece em Rio das Pedras.

Assim sendo, a problemática envolvida não poderia, a meu ver, descartar o método do trabalho de campo. Com essa perspectiva em mente, aproximei-me e procurei vivenciar as experiências dos moradores de Rio das Pedras na busca pelo direito de morar, almejando destacar a categoria "direito de laje" como resposta social ao silêncio da política social no Brasil no que diz respeito ao acesso à moradia e sua desconexão dos sentidos de cidadania acessível e igualitária, o que me possibilitou conhecer um mercado próprio em que são gerenciados tantos outros "direitos".

Em síntese, os dados ora trabalhados são resultado de 27 meses de pesquisa, contabilizando 337 entrevistas formais e conversações informais.

III
A FAVELA COMO MEIO DE ACESSO À MORADIA E CAUSA DE PROBLEMAS E SOLUÇÕES PARA A CIDADE. UMA INTRODUÇÃO A VERSÕES DE UM ANTIGO DILEMA

A questão habitacional no Brasil se revela como um problema antigo, repercutindo na sociedade com variados tentáculos que, de muitas maneiras, passam a ser vistos nas favelas, considerando-se a ausência de políticas públicas que permitam aos menos favorecidos o acesso à moradia. Trata-se de um longo e cada vez mais agravado quadro histórico.

As liberdades civis, direitos fundamentais menos questionáveis, asseguram o direito de acesso à propriedade privada de uma ou mais moradias, o que comumente é alcançado pelos que detêm condições, como escolaridade, saúde, trabalho e previdência, e não necessitam do Estado para ter sua moradia com a devida titularidade de propriedade. Trata-se então de privilégio de cidadãos que trabalham cerca de três meses por ano para pagar impostos ao Estado, sem se preocupar com retribuições que o poder público lhes ofereça, porque delas não dependem. Por outro lado, os favelados pouco pagam impostos, detêm baixos rendimentos e, pela mesma razão, não têm acesso à moradia nas áreas urbanizadas da cidade, restando-lhes as favelas como solução.

Essa solução possível para moradia cria espaço para o aparecimento crescente de favelas, de que resultam impactos para os moradores das zonas mais urbanizadas. Estabelece-se assim um dilema insolúvel: as favelas são soluções de acesso à habitação para segmentos da população que não detêm poder aquisitivo para alugar ou adquirir propriedade imobiliária residencial em bairros urbanizados da cidade, mas são vistas como um problema grave para a cidade. Se essa é solução para a sobrevivência de favelados, mas um problema para os moradores de áreas mais privilegiadas de recursos urbanos, afinal, quem está com o problema e quais seriam as soluções possíveis?

Ao acompanhar a trajetória histórica das favelas no Rio de Janeiro é possível perceber que tais dilemas sempre estiveram presentes, ainda que subliminarmente, na questão habitacional da cidade. Se analisarmos o curso percorrido pelo acesso a moradias para camadas de baixa renda, é possível admitir que as favelas se tornam uma opção favorável ao Estado. Elas podem ser vistas como resposta à ausência de política habitacional, desde a abolição da escravatura. A liberdade concedida aos escravos transformou-se em novas formas de escravidão, uma vez que eles não foram amparados pelas liberdades individuais. A própria abolição não marcou de forma efetiva o alcance de direitos civis no Brasil. Aos recém-libertos não foi concedido nenhum deles, fora a sua liberdade de ir e vir. Não tiveram educação nem moradia, muito menos emprego. A mão de obra, que até então servia para o labor gratuito, não seria absorvida onerosamente. A segregação se manteve em vários níveis. Não houve qualquer esquema social, econômico ou político para receber os escravos libertos na sociedade brasileira. "A igualdade era firmada na lei, mas negada na prática" (Carvalho, 2002:53).

No Brasil, a execução dos direitos civis evidencia certa fragilidade na aquisição da cidadania.[12] Historicamente, percebe-se que a herança colonial deixou marcas profundas na esfera dos direitos civis. A escravidão é símbolo indelével da limitação ou inexecução de tais direitos. O próprio pensamento absolutista brasileiro não se baseava em razões individuais; portanto, em razões de liberdade. Segundo Carvalho (2002:53), o argumento utilizado era de "razão nacional", em oposição à "razão individual", utilizada pelos absolutistas europeus e norte-americanos. Maria Emília Prado (2005) lembra que os próprios abolicionistas eram escravocratas e o manifesto dos republicanos também era assinado por escravocratas, deixando claro que os valores da escravidão eram naturali-

---

[12] Usa-se na referência de direitos de cidadania o modelo traçado por T. H. Marshall em *Cidadania, status e classe social* (1967), teorização considerada como ponto comum nas últimas décadas pelos autores reconhecidos no debate sobre cidadania. Na concepção realizada pelo referido autor, a cidadania se compõe de três direitos: os civis, os políticos e os sociais. Os direitos civis encontram-se ligados à execução da liberdade individual; para tanto, estão associados e condicionados às instituições vinculadas aos tribunais de justiça, possibilitando o alcance de defesa de direitos em igualdade de condições. Nessa perspectiva, os direitos civis significam o fim da estratificação e a instituição da igualdade como base legal para toda a organização da sociedade. Assim, todos estão sujeitos à lei e gozam de uma mesma condição jurídica, que viabiliza direitos necessários à liberdade individual, como a liberdade de ir e vir, a de pensamento, e ainda o direito à propriedade e o de celebrar contratos, que são bases para o acesso a direitos sociais. Por direitos políticos compreende o autor o direito de participar no exercício do poder político como um membro do organismo investido da autoridade política ou como um eleitor dos membros de tal organismo. Já os direitos sociais respondem às necessidades humanas básicas, assegurando o direito a um bem-estar econômico mínimo e relacionam-se principalmente com o direito a salário, saúde, educação, habitação e alimentação. Assim, cidadania, segundo Marshall, "se refere a tudo que vai desde o direito a um mínimo de bem-estar econômico e segurança ao direito de participar, por completo, na herança social e levar a vida de um ser civilizado de acordo com os padrões que prevaleçam na sociedade".

zados por boa parte da sociedade.[13] Diferentemente, a Inglaterra estabeleceu amparo aos *poor men*,[14] decorrente da *poor law*,[15] e os Estados Unidos, logo após a abolição da escravatura, criaram comitês para os *free men* por meio do Freedmen's Bureau, que contava com esforços para educar os ex-escravos, além de distribuição de terras para os libertos e do incentivo ao alistamento eleitoral (Carvalho: 2002:52). No Brasil, foi concedida uma liberdade desamparada pelo Estado, ou seja, coube aos libertos cuidar da própria vida. Sem trabalho e sem salários, sem moradia, sem instrução, sem proteção à saúde, ficaram entregues à própria sorte. Desse modo, prover a moradia própria e o sustento foi o desafio inicial para a sua sobrevivência.

Na realidade, a abolição não revelou uma possibilidade concreta de inserção do ex-escravo ao corpo da nação enquanto detentor de direitos (Prado, 2005:24). Nota-se, dessa maneira, o contraste entre alguns países e o Brasil no trato de direitos relativos à cidadania, de modo especial os direitos civis. Enquanto a abolição, nos Estados Unidos, por exemplo, era advinda da consequência da execução dos direitos civis e, portanto, viabilizadora de outros direitos (sociais e políticos), no Brasil ela não guardou tal conexão, o que trouxe sérios problemas, entre eles a crise habitacional se revelou como um dos mais visíveis. Os ideários de liberdades,

---

[13] Carvalho (2002: 49) adverte que a aceitação da escravidão era tão bem absorvida no Brasil que, inclusive, libertos possuíam escravos.
[14] Ver Marshall (1967).
[15] Na Inglaterra, a industrialização crescente esvaziou os campos no século XIX porque precisava criar carneiros para os teares das fábricas terem lã. O rebanho precisava de pouca mão de obra (poucos pastores para rebanhos imensos) e os desempregados vinham para as cidades onde estavam as fábricas, mas elas não absorviam a grande quantidade de mão de obra disponível. Então, a *poor law* amparava os desvalidos, embora lhes retirasse a cidadania civil, porque passavam a ser, de fato, tutelados pelo Estado.

que estruturam os direitos civis e que foram prezados e estimados à modernidade europeia e aos fundadores da América do Norte, não foram recepcionados no Brasil (Carvalho, 2002:49).

Isso significa compreender que, ao libertar os escravos sem promoção de outros direitos básicos de suas existências, o Estado promoveu uma política ao reverso, pois, com o fim da escravidão, cresceu o número de desempregados e subempregados, pela quantitativa mão de obra lançada no mercado que não foi absorvida, o que, por consequência, se fez sentir na questão habitacional, tendo em vista que a cidade do Rio de Janeiro, de modo especial, não se encontrava preparada para assumir as novas demandas por habitações decorrentes do aumento populacional que surgiu pelas mudanças das últimas décadas do século XIX.

Enfraquecida com a decadência da escravidão, a aristocracia se viu obrigada a trocar a casa-grande pelos sobrados urbanos, enquanto seus ex-escravos saíam das senzalas e, por necessidade, instalavam-se em moradias precárias e coletivas, também nos centros urbanos, à procura de empregos formais ou informais (Freyre, 2009), sem contar com aqueles que já habitavam a cidade, pois, no Rio de Janeiro, havia forte presença de negros, categorizados em escravos, escravos libertos e os que "viviam sobre si".[16] Para se ter uma ideia da quantidade negra na cidade, o censo populacional da Corte e da província em 1821 contabilizou que os negros chegavam a 60% da população total. Esse enorme contingente

---

[16] Escravos da Corte que viviam longe da casa do senhor, mantendo-se, contudo, como objeto de seu domínio, fazendo parte de seu patrimônio pessoal, mas com autorização de "viver por si", o que significava certa autonomia, possibilitando jornadas de trabalho extras, contribuindo com a vantagem de constituir numerário suficiente para comprar sua alforria. Para o senhor, a vantagem estava principalmente na diminuição de gastos na manutenção do escravo, sem perder seu poder dominial.

desamparado demandava por habitação, sem que houvesse, por parte do Estado, qualquer política pública no atendimento de tal necessidade básica, o que permaneceria por muito tempo, ensejando e contribuindo para a tortuosa trajetória de acesso por moradias dignas para segmentos mais empobrecidos da população, o que seria sentido, de modo especial, na cidade do Rio de Janeiro.

Assim, ao perquirir as fases da ocupação irregular no Rio de Janeiro pode-se traçar um raciocínio da trajetória de acesso a direitos fundamentais civis, políticos e sociais, o que, portanto, guarda real importância com o (des)caminho da cidadania no Brasil. Deflui logo a necessidade de maior explicitação de sua estruturação histórica, sua formação no cenário da cidade, sua gênese, segundo sua biografia. Como será visto, tal mobilidade popular, em seus diversos modos, está relacionada a um âmbito contextual de pobreza, ausência de políticas públicas e, principalmente, às práticas replicadas na história do país em desassociar cidadania de um sistema de igualdade adjetiva, o que concebe práticas de intervenção legal no espaço urbano desencadeando toda uma política de repressão às habitações coletivas, como ocorreu com os cortiços e posteriormente com as favelas, na utilização da política de higiene imposta às classes pobres em determinados períodos históricos.

Portanto, o presente capítulo tem como intenção precípua contextualizar alguns elementos históricos relevantes na composição do fenômeno favela, de maneira particular, os 70 anos posteriores ao advento da República, porque esse período consubstanciará o lapso temporal fundamental na sua definição na cidade do Rio de Janeiro. Além disso, serão examinados alguns mecanismos jurídicos usados pelo Estado no processo de relacionamento entre o ente público e a própria favela, buscando, dessa maneira, associá-los às atuais práticas postas na mantença da não validação efetiva do acesso de direito à moradia.Isso provoca inúmeras reações sociais à lacunosa atuação estatal, como é o caso do "direito de laje", demonstrando, por essa forma, que os atuais dilemas oriundos do assunto favela são, na realidade, dilemas que datam de mais de 100 anos, o que conduz à compreensão de que a história da favela não se revela apenas como uma trajetória de privações, mas se estrutura, antes de tudo, como um esforço ininterrupto pelo direito à cidade, como forma de exercício inclusivo de suas próprias cidadanias.

CORTIÇOS – AS SEMENTES DAS FAVELAS

Como já salientado, percebe-se que, após a abolição da escravatura, dava-se pouca importância ao estabelecimento de prática executiva pública que visasse a dar espaço digno de moradia a quem estava ingressando formalmente na sociedade na qualidade de sujeito de direitos. Contudo, outros fatores históricos devem ser analisados conjuntamente à questão abolicionista no Brasil, como geradores dos problemas ocupacionais da cidade, haja vista que, antes mesmo da abolição, os problemas habitacionais já eram sentidos na cidade.

De modo especial, o século XIX guardou marcas significativas no processo de transformação da cidade, que, com um perfil mais rural, teve que se adaptar às novas conjunturas econômicas e sociais, que a impulsionaram a adotar um estilo metropolitano para o qual não estava preparada.

O Rio de Janeiro, que até então se limitava territorialmente entre os morros do Castelo, São Bento, Santo Antônio e Conceição, com algumas poucas extensões ao sul, com moradias próximas devido à escassez de transportes coletivos, bem como à necessidade de defesa, foi expandido por novas realidades socioeconômicas que surgiram. Nesse ponto, a vinda da família real para o Brasil tornou-se um fato relevante no desencadear de mudanças, posto que, ao estabelecer residência na cidade, entre tantos significados, a realeza trouxe um novo modelo de classe social, do qual decorreram consequências na ocupação do solo urbano que, naquele momento histórico, ainda era modesto.

O modelo que vigia até então era o das cidades coloniais do novo mundo português, onde as metrópoles se manifestavam como entrepostos comerciais controlados pela Coroa; eram núcleos residenciais de pessoas que vinham explorar as riquezas da colônia (Abreu, 1987:35). Na cidade colonial as casas eram basicamente térreas ou no estilo sobrados. As térreas eram compostas de uma porta e duas janelas ou de uma porta e uma janela. Os sobrados, moradias mais rebuscadas, tinham dois ou três pavimentos. Lilian Vaz lembra que a uniformidade das edificações era uma marca de sua arquitetura, sendo as casas feias e fortes, além de estreitas e compridas, construídas sobre os limites laterais dos terrenos, geminadas umas às outras, a partir da testada dos lotes, formando o alinhamento da rua (Vaz, 2002:30).

Tais características arquitetônicas foram paulatinamente transformadas, impulsionadas pelas alterações urbanísticas concretizadas em função da nova população aristocrática que se estabelecia na cidade, como se deu com a fixação da moradia da família real no bairro de São Cristóvão, trazendo inúmeras mudanças no contexto da região central da cidade à época. Foi em decorrência dos novos moradores que houve o aterramento de parte do Saco de São Diogo (que ligaria o que hoje é a avenida Presidente Vargas), ligando o Centro à Quinta da Boa Vista. Segundo Mauricio Abreu (1987:37), tal fato contribuiu enormemente para que famílias ricas procurassem em São Cristovão um lugar para fixar suas moradas.

A importância dessa reserva espacial concedeu um privilégio para poucos, à época. Foi em direção a São Cristóvão que se dirigiram as primeiras diligências de que se tem notícia, e, em 1838, quando se iniciaram as primeiras lotações de tração animal, mais uma vez São Cristóvão foi privilegiado. As freguesias da Candelária e de São José também se tornaram espaços preferenciais para moradias das classes privilegiadas pela proximidade do Paço Imperial, atual Praça XV.

Outros, igualmente privilegiados, iriam seguir o exemplo da rainha Carlota Joaquina, que morava em Botafogo, estabelecendo suas residências na área sul da cidade, em bairros como Glória e Catete. Botafogo também foi beneficiado com transporte público de elite, à época. Devido à importância de seus moradores, em 1843 foi inaugurada uma carreira de barcos a vapor, viabilizando o acesso entre o bairro e Santo Cristo. Em 1844, outra companhia ligou o bairro à Quinta da Boa Vista.

Percebe-se, desse modo, que a implantação inicial de bens urbanos na cidade não estava vinculada à melhoria de vida de todos os seus habitantes, apenas pequena parcela privilegiada teve a execução de serviços públicos voltados a facilitar sua presença na cidade.

Nota-se ainda que esse período foi marcado por um considerável aumento populacional. Contudo, pouco se fez no sentido de dotar a cidade de instrumentos que a capacitassem a receber tamanho contingente. Todas as alterações que foram feitas estavam condicionadas à melhoria de vida de classes privilegiadas. É possível reconhecer que as políticas públicas urbanas aplicadas à cidade não se destinavam à demanda populacional que consubstanciaria seu novo perfil.

No final do século XIX, com a ocorrência da multiplicação de fábricas no Rio de Janeiro, um avultado fluxo de migrantes teve crescimento apressurado. Entre 1870 e 1890, o Rio de Janeiro experimentou um aumento populacional de 4,06% ao ano (Silva, 2005:37).

O perfil mais industrializado que surgiu fez com que algumas casas e alguns sobrados situados no Centro fossem substituídos por lojas, fábricas e prédios de escritórios. Consequentemente, surgiu a necessidade de abastecer essa região com serviços públicos que viabilizassem a nova realidade econômica e social da cidade, com a implantação de iluminação pública a gás, esgoto sanitário e calçamento com paralelepípedos, o que consolidou forte presença de vida comercial, tornando o Rio de Janeiro o principal centro de circulação de riquezas do país. Entretanto, o Centro da cidade deu início a uma séria contradição: se por um lado a modernidade urbanística se expressava na introdução de serviços públicos a partir da década de 1850, o que aqueceria a vida comercial, por outro lado a concentração do mercado econômico e, portanto, o principal núcleo de trabalho existente na cidade tornaria o Centro alvo principal na preferência das classes trabalhadoras para estabelecer suas moradias. Tendo em vista que o transporte público era escasso e caro, isso não tornava viável a locomoção de tais pessoas, impulsionando a criação de moradias mais baratas (geralmente de natureza coletiva) que pudessem abrigar os trabalhadores concentrados nessa região, especialmente nas freguesias de Santana e Santa Rita (atuais bairros da Saúde, Santo Cristo e Gamboa), surgindo, desse modo, estalagens e cortiços e, mais tarde, as favelas, que teriam sua gênese associada àquela região.[17]

Nesse período, a imigração mostrou-se como mais um fator de contribuição para o aumento populacional da cidade. A partir da metade do século XIX, o número de imigrantes europeus cresceu acentuadamente. Nos censos de 1870 e 1872, constatou-se que a média de novos residentes estrangeiros na cidade era de 2.601 por ano (Lobo, 1984:11).

A vinda de imigrantes, principalmente europeus, foi incentivada por uma política imperial que visava à substituição da mão de obra escrava, que estava próxima da extinção. O discurso da "falta de braço", na verdade, desmerecia a mão de obra negra para o trabalho pago. Em 1872, com o objetivo de financiar a vinda dos imigrantes, a Assembleia Legislativa aprovou a liberação de $200.000 anuais para pagamento de passagens e outras despesas. A imigração passava então a ser paga pelos cofres públicos.[18]

No Congresso Agrícola do Rio de Janeiro, em 1878, ao discutir em assembleia o estímulo à vinda dos europeus em substituição à mão de obra negra, foram feitas alusões à incapacidade do negro recém-liberto para o trabalho pela sua indolência, a inaptidão para o trabalho que não fosse pelo açoite. Essas foram as razões expostas como fundamento para incrementar a imigração branca.

---

[17] Lilian Vaz (2002) observa que a utilização do termo cortiço deve advir da analogia com a caixa de cortiça em que as abelhas fazem o mel, da associação que se fazia entre as estalagens e as colmeias, ou, "outra hipótese, mais remota, sobre a origem do termo se apoia na associação a uma pequena corte, isto é, a um pátio, como no caso alemão, que denomina de *hof* (corte ou pátio) o conjunto de pequenas casas ao redor de um pátio, e também no caso português, que denomina de pátio (em Lisboa) e ilha (no Porto) o que chamamos de cortiço".
[18] Anais da Assembleia Legislativa do Rio de Janeiro (AAL-RJ), tomo II, p. 272.

A sucessão da mão de obra escrava pela do imigrante propugnava a superioridade dos brancos, uma reafirmação da desigualdade, situação muito bem narrada por Maria Emília Prado, em *Memorial das desigualdades – os impasses da cidadania no Brasil* (2005:79):

> No Congresso Agrícola, realizado no Rio de Janeiro, reafirmava-se, em todas as avaliações e respostas ao inquérito, serem os nacionais indolentes, refratários ao trabalho sistematizado... Os imigrantes eram considerados substitutos ideais ao braço escravo, pois, no dizer do mais ardoroso defensor da imigração no seio do parlamento, o deputado Taunay, a vinda dos imigrantes europeus representaria não somente braços para o trabalho manual, para o cultivo da terra, mas também cabeças que nos ajudariam a pensar nas dificuldades públicas e, ainda mais, a transfusão de certos estímulos especiais de moralidade.

A autora descreve minuciosamente que a questão imigratória foi inicialmente utilizada por uma retórica econômica, mas logo após revelaria sua principal intenção de ordem racial. É o período de europeização da cidade, uma tentativa de "embranquecimento da cidade" (Zaluar e Alvito, 2004:07).

Essas nuanças revelam a adoção de práticas públicas de exclusão ao privilegiar a mão de obra estrangeira em detrimento da daqueles que aqui se encontravam, e que refletiria em recrudescer a situação dos negros e mestiços, uma vez que estes eram alijados do mercado de trabalho formal.

Tais feições sociais foram motrizes importantes para desencadear sérias consequências sociais na cidade, principalmente para aqueles que, por razões econômicas, não puderam ajustar-se aos novos padrões de moradias que surgiam. Assim, os negros subempregados ou desempregados que tiveram sua mão de obra subutilizada ou não utilizada e os migrantes advindos do êxodo rural pelo declínio da cafeicultura, principalmente no vale do Paraíba, em busca de trabalho no Rio de Janeiro, ocuparam o Centro da capital na busca de trabalho formal ou informal,[19] que era apenas encontrado na área central. Esse contingente, ao engrossar o elenco daqueles que necessitavam de um lugar barato para estabelecer suas moradias, preferencialmente próximo ao Centro, passaram a ser clientes em potencial dos proprietários privilegiados de prédios ou terrenos, que viam a possibilidade de considerável lucratividade ao construir ou implantar em seus prédios ou terrenos as chamadas casas de cômodos (ou casas de alugar cômodos, ou simplesmente cortiços), definidas como casas subdivididas em cômodos com lavanderia, banheiro e cozinha de uso comum. Vaz (1984:30) faz referência a essa modalidade habitacional que surge a partir de 1850: "Lotes e casas eram encortiçados e transformados em estalagens e casas de cômodos. Apesar de serem objetos arquitetônicos de formas diferentes, são iguais em sua essência, não apenas por serem indistintamente chamados de cortiços."

Em relatório elaborado pelo Ministério dos Negócios, em 1869, a presença dos cortiços foi verificada em grande escala nas freguesias de Santana, Santo Antônio, Santa Rosa, Glória, São José e Espírito Santo, regiões onde se localizava a maioria das atividades portuárias, comerciais, artesanais e manufatureiras, ou seja, o centro principal do mercado de trabalho da cidade (Lobo, 1984:12).

---

[19] Os termos formal e informal serão utilizados comparativamente a jurídico e não jurídico, no sentido de informal estar concebido por um não tutelamento de normas jurídicas postas, bem como relações sociais que, a despeito de estarem na vida cotidiana, não são reconhecidas pelo Estado como direitos. Nessa mesma ordem: oficial e inoficial.

As estalagens ou cortiços muito se assemelhavam arquitetonicamente às senzalas trazidas pelo colonizador português. De forma idêntica aos cortiços, a senzala também apresentava uma sucessão de quartos em fila, com reduzido espaço interno e pouca iluminação e ventilação. A única diferença, em termos estruturais, era a localização da chave na fechadura. "Enquanto na senzala estaria do lado de fora, nos cortiços, do lado de dentro" (Vaz, 2002:29), o que faz compreender que a lógica aplicada ao tratamento oferecido ao cidadão pouco se diferenciava substancialmente daquele dado ao escravo no que é pertinente ao acesso a direitos sociais que fossem edificados em bases efetivamente republicanas.

Na ausência de investidas públicas que organizassem o espaço urbano levando em conta as novas feições da cidade e seus principais atores sociais, os cortiços se tornaram uma alternativa acessível. A ausência de qualquer política governamental que facilitasse o acesso à habitação para as classes trabalhadoras; a escassez de moradias, que contribuía para os altos preços dos aluguéis; a pequena ampliação do transporte público, que permitiria a expansão da malha urbana em outros sentidos da cidade, tudo isso tornou as moradias coletivas, que se situavam no Centro, a única forma de moradia alcançável a considerável parcela da população à época, tornando-se habitação coletiva típica do Rio oitocentista.

Estalagem da rua do Senado (fotografada por Augusto Malta)

Na realidade, construir cortiços tornou-se prática rotineira entre os possuidores de imóveis, conhecidos como corticeiros, principalmente no restrito espaço urbano do Centro do Rio, que possibilitava retorno financeiro pela prática da especulação imobiliária por parte daqueles que tiravam proveito da escassez de moradia no Distrito Federal. Os proprietários, não raro, pertenciam à nobreza.

Como as favelas de hoje, os cortiços naquela época abrigaram parte considerável da população. Em 1890, os habitantes dos cortiços já eram aproximadamente 100.000 pessoas (Lobo, 1989:30). Nota-se que os cortiços, naquele período, tornaram-se uma resposta a uma crise habitacional instalada e que, posteriormente, se desenvolveriam para outra forma de resposta consubstanciada no fenômeno favela. Tanto os cortiços como as favelas, ainda que definidos por regramentos formais, seriam dotados juridicamente de conteúdo de ilegalidade, o que reforçaria o aspecto excludente que permearia tais categorias de moradias.

Já em 1892, os cortiços foram classificados juridicamente como habitação coletiva. A Postura Municipal de 15 de setembro de 1892, em seu artigo 4º, observava que as casas coletivas seriam aquelas que abrigassem sob a mesma cobertura, ou dentro da mesma propriedade, terreno ou semelhantes, indivíduos de famílias diversas, construindo unidades sociais independentes.

Em 1902, o Decreto Municipal nº 391, além de manter tal conceituação, acrescentou sua categorização de ilegalidade ao definir cortiço como:

> Construcção prohibida pela prefeitura. É uma habitação colletiva, geralmente constituída por pequenos quartos de madeira ou construcção ligeira, algumas vezes installados nos fundos de prédios e outras vezes uns sobre os outros; com varandas e escadas de difícil accesso; sem cozinha, existindo ou não pequeno pateo, área ou corredor, com aparelho sanitário e lavanderia commun. Também considera cortiço um prédio de construção antiga, onde clandestinamente são construídas divisões de madeira (construcção prohibida pela prefeitura), formando quartos ou cubículos, sem mobília, que muitas vezes se extendem aos sótãos, forros, porões, cozinhas, despensas, banheiros etc. e habitados geralmente por indivíduos de classe pobre e com o nome de casa para alugar commodos, sem direção, onde também há lavanderia e apparelhos sanitários internos ou externos, em numero insufficiente, não havendo banheiros e cozinhas.

Aliás, a sina da precariedade sempre esteve presente no cotidiano dos cortiços. Seus moradores rotineiramente eram estigmatizados pelo seu modo de habitar, sendo vistos como "classe perigosa",[20] que incluía negros, trabalhadores de baixa renda, malandros

---

[20] Sidney Chalhoub observa que a expressão "classes perigosas" surge no Brasil como eixo importante no debate parlamentar ocorrido na Câmara dos Deputados do Império do Brasil nos meses que se seguiram à lei de abolição dos escravos. Inspirados na leitura de Frégier, escritor francês que, baseando-se em suas experiências como alto funcionário da Polícia de Paris, escreve um livro publicado em 1840 sobre "as classes perigosas da população nas grandes cidades". O intuito do escritor era produzir uma descrição detalhada de todos os

e vagabundos. Assim, eram considerados um lócus de pobreza ou inferno social, descreve Valladares (2009:24), ao constatar a maneira como eram narrados os cortiços pelas autoridades locais ou até mesmo pela imprensa da época, segundo carta dirigida ao chefe de polícia da Corte, publicada na coluna de "publicações a pedido" do *Jornal do Commercio*, de 05/05/1869:

> Pedimos a S. Exa. mandar dar busca em vários cortiços da Corte, que se estão transformando em asilo de escravos fugidos, em detrimento de seus possuidores para jogos e outros atos imorais e prejudicais. Será um grande serviço que prestará S. Exa. aos possuidores de escravos, que com esperança recorrem ao zelo e justiça de S. Exa.

O Direito também foi instrumentalizado para criar obstáculos ao crescimento dos cortiços através de regramentos municipais, tais como o Regulamento dos Estalajadeiros de 1853; o projeto de regularização dos cortiços, de autoria do fiscal da Freguesia de Santa Rita, de 1855; a Postura de 5 de dezembro de 1873, que impediu construções de novos cortiços nas regiões das praça D. Pedro II e

---

tipos de possíveis "malfeitores" que atuavam nas ruas de Paris, uma forma de compilação de possíveis marginais ou marginais em potencial. Em resumo, sua tentativa resultou em não estabelecer uma linha divisória entre "classe perigosa" e "classe pobre". A comissão parlamentar da Câmara dos Deputados do Império foi buscar fundamentos teóricos para justificar o alijamento social, utilizando Frégier ao citar que "as classes pobres e viciosas sempre foram e hão de ser a mais abundante causa de todas as sortes de malfeitores: são elas que se designam mais propriamente sob o título de 'classes perigosas'; pois, quando mesmo o vício não é acompanhado pelo crime, só o fato de aliar-se à pobreza no mesmo indivíduo constitui um justo motivo de terror para a sociedade. O perigo social cresce e torna-se de mais a mais ameaçador, à medida que o pobre deteriora a sua condição pelo vício e, o que é pior, pela ociosidade". A adoção do conceito de "classes perigosas" no Brasil fez com que, desde o início, os negros se tornassem os suspeitos preferenciais.

Onze de Junho e nos espaços entre as ruas do Riachuelo e Livramento, ratificada por outra Postura da mesma natureza, em 1876.

Todas essas normas jurídicas foram editadas como forma de "conter" os avanços dos pobres na direção central da cidade, até porque, além dos contornos de precariedade que sua arquitetura consolidava, a marca de irregularidade ganhava maior relevo com a presença cotidiana de inúmeras epidemias que assolavam a cidade periodicamente, atribuindo aos cortiços a responsabilidade social de concorrer com a propagação de doenças contagiosas que estavam associadas às condições de insalubridade existente nessas modalidades habitacionais. Dessa forma, os moradores de cortiços passaram não só a ser vistos como aqueles que ofereciam problemas para a organização do trabalho e para a manutenção da ordem pública, como ofereciam também perigo de contágio de doenças, ou seja, um grande perigo social (Chalhoub, 1996).

Ao imprimir nos cortiços a conotação de malefício social, o poder público estabelecia meios conducentes para incrementar atitudes direcionadas ao seu extermínio. Para tanto, o emprego de uma campanha higienista, que nesse compasso contava com a atuação de médicos e engenheiros sanitaristas com justificativas de saúde pública, foi muito bem direcionada. Os novos empresários da área imobiliária também se manifestaram como grandes impulsionadores da derrogação dos cortiços, desejosos de novos padrões de urbanização para o Rio de Janeiro, principalmente na região do Centro. Para isso, contaram depois com um grande aliado: o prefeito Pereira Passos.

Antes mesmo de Pereira Passos, o prefeito Barata Ribeiro, em 1893, proporcionou uma grande investida contra os cortiços, quando da destruição do "Cabeça de Porco", o mais preclaro cortiço da época, situado na rua Barão de São Félix, número 154,

Centro. De acordo com Chalhoub (2006:17), jornais do período afirmavam que 2 mil pessoas habitavam o cortiço quando ocorreu sua derrubada, que foi efetivada através de uma verdadeira operação de guerra, contando com aparato policial, que incluía a tropa do I Batalhão de Infantaria, além de inúmeras autoridades presentes para acompanhar a "decepação" do "Cabeça de Porco".

A foto abaixo, na capa da *Revista Ilustrada* número 656, de fevereiro de 1893, ilustra jocosamente a derrubada do "Cabeça de Porco" por uma barata, acompanhada de prosa que festeja o ocorrido.

> Era de ferro a cabeça,
> De tal poder infinito
> Que-se de bem nos pareça,
> Devia ser de granito.
> No seu bojo secular
> De forças devastadoras,
> Viviam sempre a bailar
> Punhos e metralhadoras.
> Por isso vivo tranquilla
> Dos poderes temerosos,
> Como um louco cão de fila
> Humilhando poderosos.
> Mas eis que um dia a barata,
> Dês-lhes na telha almoça-la,
> E assim foi-se sem patarata,
> Roendo, até devora-la.

Tal ilustração dá o tom da representação dos cortiços naquele período. Havia uma assimilação que agregava a pobreza à marginalidade, que considerava que "classes pobres" e "classes perigosas" eram expressões que representavam a mesma realidade e, portanto, os cortiços se revelavam como um prejuízo à segurança e à saúde. Um mal que deveria ser extirpado a todo custo. Conclui-se, por essa maneira, que em 1893, o "Cabeça de Porco", ao ser derrubado, tornou-se símbolo da robustez estatal de supressão dos cortiços, um verdadeiro simbolismo de eliminação das classes "perigosas" das áreas valiosas e cobiçadas do centro da cidade.

Não é de estranhar que o prefeito Barata Ribeiro tenha iniciado a derrocada dos cortiços. Na condição de médico sanitarista, possuía título de doutor, que obteve com a tese intitulada "Quais as medidas sanitárias que devem ser aconselhadas para impedir o desenvolvimento e propagação da febre amarela na cidade do Rio de Janeiro?".

Em seu trabalho acadêmico defendia que os cortiços se consolidavam como local de "pessoas com todos os vícios", como mendigos e prostitutas, que se "comprazem em degradar o corpo e a alma". Ainda dizia:

> Compreende-se desde logo o papel que representam na insalubridade da cidade estas habitações, quando nos lembramos que além de todas as funções orgânicas dos seres que as povoam, no cortiço lava-se, engoma-se, cozinha-se, criam-se aves etc.
> Só vemos um conselho a dar a respeito dos cortiços: a demolição de todos eles, de modo que não fique nenhum para atestar aos vindouros e ao estrangeiro onde existiam as nossas sentinas sociais, e a sua substituição por casas em boas condições higiênicas.[21]

O discurso científico, condizente com conjecturas sanitaristas, foi elemento justificador na funcionalização da derrubada dos cortiços. O interesse particular foi mitigado frente às necessidades higiênicas de interesse geral e, nesse momento, o direito foi usado para amparar legalmente o arcabouço higienista, que empreendeu a despolitização dos argumentos de extinção ou remoção de habitações coletivas, ao instrumentalizar normas públicas fundadas na ideologia da função social. Assim, regramentos que fixavam normas delimitadoras de reformas ou mesmo que impediam novas construções sob o argumento de higiene passaram a ser encontrados a partir desse período.[22]

---

[21] Trecho parcial da tese de doutorado de Cândido Barata Ribeiro. Tese – Faculdade de Medicina do Rio de Janeiro, Typographia do Direito, 1877.
[22] Ver CHALHOUB, Sidney. *Cidade febril: cortiços e epidemias na corte imperial.* São Paulo, Companhia das Letras, 2006.

Nesse sentido, conjugaram-se as concepções científicas que permeiam a medicina social descrita por Foucault,[23] ao caracterizá-la como uma estratégia biopolítica que se dirige não só ao corpo, mas à saúde social e à força produtiva dos indivíduos, estabelecendo-se em três etapas que envolvem a disciplinarização dos médicos, a higienização das cidades e a medicalização da força do trabalho.

No processo de disciplinação dos médicos, há a composição da uniformização das práticas e dos saberes médicos, objetivando, antes de tudo, a estatização da medicina como função de controle. No que é pertinente à higienização das cidades há conexão clara em dotá-las como um corpo a ser organizado homogeneamente, submetendo-as a rígido controle político sanitarista, garantindo a saúde da população, o que concebe intervenções de controle de grupamentos com potencial epidêmico e endêmico. Tais atuações garantirão o ajuste necessário para capacitar os indivíduos ao trabalho. Portanto, ao atuar diretamente na população de risco (geralmente pobres) e ao proteger os mais ricos de contágio, tornam as classes proletárias ajustadas e aptas ao trabalho, pois seus corpos são geradores de componentes econômicos e de dotação de força de trabalho. Com todo esse aparato disciplinador, surge a composição de normalização dos indivíduos a partir da concepção de um ideário de sociedade.

---

[23] Foucault, em *Microfísica do poder* (2007), enfatiza que a medicina social se consolida em três etapas, inclusive como disciplina do curso de formação médica: a Polícia Médica, especialmente desenvolvida na Alemanha no início do século XVIII, a fim de prover o Estado dos índices de saúde da população alemã; a Medicina das Cidades, ou Medicina Urbana, que tem como objetivo controlar os fatores nocivos à saúde da população urbana, que estavam associados às grandes epidemias evidenciadas na França; e, por fim, a Medicina da Força de Trabalho, consolidada no sanitarismo inglês, que objetiva manter a sua força trabalhadora plenamente apta.

Nesse contexto, o médico surgiu como aquele que contribuiria para produzir "um arcabouço ideológico para as reformas urbanas do final do século XIX e início do século XX", ao elaborar planos de transformação com o objetivo de eliminar os potenciais "causadores" das epidemias que assolavam a cidade (Chalhoub, 2006:170).

Jurandir Costa (1979:30) adverte que a ordem médica foi utilizada como produção normativa na disciplinarização dos corpos e que a medicina social exerceu papel fundamental no controle dos habitantes das cidades:

> A medicina apossou-se do espaço urbano e imprimiu-lhe marcas de seu poder. Matas, pântanos rios, alimentos, esgotos, água, ar, cemitérios, quartéis, escolas, prostíbulos, fábricas, matadouros e casas foram alguns dos inúmeros elementos urbanos atraídos para a órbita médica de quase todos estes fenômenos físicos, humanos e sociais, construída para cada um deles tática específica de abordagem e transformação.

Os manejos de controles exercidos pelo Estado não se basearam na intenção sanitarista simplesmente. Esta também foi utilizada na prática de afastamento da classe proletária do centro do poder político, como enfatiza Maria Emília Prado, ao notar que a proximidade do pobre à sede do poder estatal tornaria os congressistas vulneráveis (2005:79).[24]

Tais concepções desencadearam concretamente o esforço ininterrupto de afastamento das classes empobrecidas dos centros de poder político e econômico, valendo-se o Estado de mecanismos

---

[24] Tais justificativas se tornaram essenciais nos debates, naquela época, sobre a mudança da capital do país para "uma porção de terra no planalto central, no coração da federação".

jurídicos que consistiam tanto na restrição da permanência das habitações existentes como na proibição de erguimento de novos adensamentos. Assim, se um cortiço fosse fechado e multado pelos agentes de saúde pública, só podendo reabrir depois da realização de melhorias sanitárias, requerida a licença à Prefeitura, esta era negada sob a alegação de que os cortiços se situavam em áreas em que era proibida a construção ou a reconstrução desse tipo habitacional. Esse recurso conduzia à redução de cortiços no Centro do Rio de Janeiro (Vaz, 2002).

Nesse compasso, a necessidade de higienizar tornou-se elemento complementar a todo processo de remodelamento por que a cidade passaria, incluindo a renovação urbana e a consequente valorização dos espaços imobiliários que, a partir da virada do século XX, passou a contar com o programa de renovação urbana implantado por Pereira Passos.

Pereira Passos representava os interesses capitalistas e especulativos imobiliários. Sua nomeação como prefeito por Rodrigues Alves decorreu de imposição do Clube de Engenharia, recebendo carta branca para fazer a reforma urbana. Sua autonomia se refletia inclusive na autorização que obteve do então presidente da República para não necessitar da ingerência da Câmara Municipal em sua reforma, que fora inspirada naquela ocorrida em Paris na segunda metade do século XIX, pelo prefeito George Eugène Haussmann (Mello, 2010).

A reforma urbana executada no período de Pereira Passos (1902-1906) se consubstanciou de maneira associativa à reforma sanitária, que consolidou uma nova visão espacial da cidade, decorrente do chamado "bota-abaixo", que consistia na derrubada de imóveis para viabilizar o alargamento e a abertura de inúmeras ruas do Centro, além da renovação de toda a área portuária do

Rio de Janeiro para adaptá-la às novas demandas de importação e exportação de mercadorias decorrentes da integração do país ao contexto capitalista internacional.

A concepção sanitarista da reforma urbana se encontrava balizada na reforma sanitarista promovida por Oswaldo Cruz, que possuía estreitos laços com a medicina experimental desenvolvida por Pasteur. Esta previa inclusive a vacinação obrigatória, o que possibilitava uma amplitude do poder de polícia do Estado como interventor direto na saúde das pessoas, uma nova acepção das fronteiras entre o público e o privado, através de políticas públicas de saúde compulsórias, razão pela qual os assentamentos reconhecidos como insalubres seriam objeto de investidas tão intensas (Mello, 2010).

Salienta Neiva Vieira (2005:59) que a política sanitarista de Oswaldo Cruz compreendia uma série de ajustamentos reguladores para um bom resultado das campanhas de higienização, o que inclui aparato jurídico, especificamente com "respeito à notificação obrigatória nos casos de doenças infecciosas, reivindicando inclusive a criação de uma instância do judiciário para cuidar especialmente das questões relativas à Saúde Pública".

Adverte a autora que a campanha de combate à febre amarela foi estruturada em bases tipicamente militares, com a criação de "brigadas sanitárias", formadas por um chefe e cinco guardas "mata-mosquitos" (2005:59).[25]

Por outro lado, nota-se que nesse contexto de intervenção direta há um processo de refutação social a tais práticas, como ocor-

---

[25] O trabalho de Neiva Vieira da Cunha (2005) em *Viagem, experiência e memória: narrativas de profissionais da saúde pública dos anos 30*, analisa minuciosamente a política sanitarista praticada no anos 1930 e desenvolvida posteriormente no Brasil.

reu com a revolta da vacina em 1904, após a campanha de vacinação obrigatória contra a varíola implantada por Oswaldo Cruz, que previa que os agentes sanitários vacinassem as pessoas à força, invadindo as casas, de modo especial os aglomerados coletivos. O repúdio social à vacinação coercitiva traduziu-se na resistência popular às iniciativas estatais nas polícias públicas, sempre associadas ao aparato policial, que visavam não apenas ao processo de desinfecção, mas, sobretudo, de repressão às moradias populares consideradas indesejáveis.[26]

Ainda que pese certa resistência popular, ressalte-se que o Estado manteve sua atuação no sentido de inviabilizar boa parte dos cortiços cariocas situados no Centro, impulsionando o deslocamento das classes populares, que originariamente habitavam cortiços, para os morros situados na parte central da cidade, que ainda gozavam de alguma tolerância em sua ocupação, e que já, embrionariamente, se apresentavam como categoria habitacional.

Na realidade, o período de Pereira Passos se firmou por um processo paradoxal: se por um lado se auferiu grande desempenho em adequar o Centro do Rio de Janeiro às exigências do modo de produção capitalista, superando o modelo de cidade colonial-escravista, por outro lado, pela ausência de uma lógica redistributiva do espaço habitacional urbano, novas contradições foram percebidas. Tais contradições foram perceptíveis em duas situações distintas, oriundas da atuação mais direta do Estado na questão urbanística: a primeira se consolidou na transformação acelerada na aparência da cidade, bem como na separação de usos e de classes sociais. Em uma segunda percepção, as consequências se

---

[26] É importante salientar que diversos autores abordam diferentes justificativas para o "movimento" da revolta da vacina, como José Murilo de Carvalho (2002), Teresa Meade (1984), Nicolau Sevcenko (1984) e Sidney Chalhoub (2006).

reafirmaram com maior consistência, principalmente na divisão espacial no que tange à separação de bairros burgueses e bairros proletários, favorecendo o primeiro com bens e recursos urbanos que não ficaram disponíveis ao segundo.

    A disponibilidade limitada desses recursos a certos grupos trouxe, como resultado, o apressamento do processo de estratificação social, já presente na cidade no século XIX, permitindo firmar uma estrutura formal/informal encontrada ainda nos dias atuais. Os cortiços validaram essa forma de proximidade de bens urbanos pela população pobre ao se incluírem na área privilegiada do Centro, sem que isso refletisse um delineamento de fronteiras. A partir do momento em que sua presença foi combatida, sua população viu na subida aos morros uma forma de gozar, ainda que indiretamente, de tais meios. Diga-se indiretamente, pois não eram os destinatários finais das implantações urbanas oferecidas. Contudo, ao se manter próximos ao Centro, estariam de alguma forma usufruindo a estrutura de uma cidade que não se organizava para concebê-los. Assim, a concepção das moradias populares, que até então eram consideradas pelos cortiços e que se estruturavam por uma forma arquitetônica precária e coletiva, mas guardavam certo nível de regularidade formal, porque ocupavam espaços legais, com a desenfreada política de derrubada que marcou vários períodos do final do século XIX e início do século XX, se tornou mais alijada ao representar oficialmente uma feição de ilegalidade. Com isso ocorreu a transição de um modelo de habitação para uma concepção de área, um local especificamente reconhecido como tal, sem qualquer arcabouço de legalidade, que incidiria na percepção do fenômeno favela, levando a crer que a lógica empreendida no processo de extinção dos cortiços foi a mesma que promoveu a expansão das favelas, razão pela qual se atribui ao cortiço o fato de ser a "semente da favela" (Vaz, 2002).

Dessa maneira, as favelas passaram a consolidar-se não apenas como forma habitacional, mas, antes de tudo, como lugar específico de moradias de pessoas que seriam reconhecidas por um modo próprio de viver, os favelados. Foi uma resposta social imediata aos descuidos estatais que imprimiram à cidade novas demandas organizacionais.

FAVELA – UMA REAÇÃO INCLUSIVA NO ESPAÇO DA CIDADE

Lícia Valladares (2009) afirma que a favela é uma "especificidade carioca", que compõe uma realidade local incontestável. Desde os meados do século XIX, sua presença era conhecida no contexto da cidade. Sua expansão sempre suscitou consideráveis tensões inerentes ao processo de apropriação do espaço da cidade. Contudo, sua distribuição no solo urbano se consolidou com o passar dos anos, apesar de consideráveis esforços estatais, em diversas épocas, para sua extinção.

Já em 1853, o Decreto nº 1.187, assinado pelo senador do Império Francisco Gonçalves Martins, mandava pôr em prática as disposições do Decreto nº 353, de 1845, que tratava da aplicação do instituto da desapropriação por utilidade pública geral ou municipal da Corte, para desapropriar o morro de Santo Antônio, onde se verificava a presença de "construções pouco sólidas", conforme abaixo:

> Tendo chegado ao Meu conhecimento uma petição assignada pelo Visconde de Barbacena, solicitando autorisação para orga-

nizar uma empreza, para cuja realização se torna indispensavel o desmoronamento dos morros do Castello e de Santo Antonio, com decidida vantagem da salubridade publica desta capital, de sua regularidade, e de seu commodo transito; e convindo, para que esta ou outra empreza semelhante se possa levar a effeito mais facilmente, e com menor despendio, que outros obstaculos não sejam creados, quando podem desde já ser prevenidos: constando outrosim que varias ruas se projectam no mencionado morro de Santo Antonio, e nellas a edificação de predios, que sem duvida argumentarão excessivamente o custo do util sinão necessario dismoronamento; tornando-se a edificação da cidade por esta fórma não só mais defeituosa, como ameaçadora á sua população com construcções pouco solidas, pondo em risco, por occasião das grandes chuvas, a segurança dos habitantes de taes predios e causando grave incommodo aos que habitam nos terrenos contiguos: Usando da autorisação concedida pelo art. 2º do Decreto n. 353 de 12 de Julho de 1845, Hei por bem Declarar de utilidade publica a desapropriação do dito morro de Santo Antonio, nos termos dos §§ 3º e 5º do art. 1º do referido decreto; e Ordenar que se proceda de conformidade com o que se acha disposto nos demais artigos seguintes. Francisco Gonçalves Martins, do Meu Conselho, Senador do Imperio, Ministro e Secretario de Estado dos Negocios do Imperio, assim o tenha entendido e faça executar. Palacio do Rio de Janeiro em 4 de Junho de 1853, 32º da Independencia e do Imperio.
Com a rubrica de Sua Magestade o Imperador.
           Francisco Gonçalves Martins.

O morro de Santo Antônio foi efetivamente destruído na década de 1950. A área do morro abrangia parte da atual avenida República do Chile, com limites ao longo das ruas do Lavradio, Carioca, Senador Dantas e Evaristo da Veiga.

É fato, portanto, que a existência de moradias em morros era constatável muito antes do surgimento da categoria favela. Valladares (2009) pondera que, além do morro de Santo Antônio, a Quinta do Caju, a Mangueira (localizada próximo a Botafogo) e a Serra da Morena já se encontravam habitados no ano de 1881. Entretanto, foi no morro da Providência (situado entre os bairros da Gamboa e do Santo Cristo, atrás da Central do Brasil) que a categoria favela se firmou. Já em 1897, o morro da Providência era conhecido como morro da "Favela" (*Cnidoscolus phyllacanthus*).[27]

O morro da Providência se revela de considerável importância na historiografia da favela, e em como esta se portou relevante na estruturação do nome favela como substantivo de conglomerados de moradias pobres, designando toda e qualquer construção precária situada nos morros.[28] Manifesta-se igualmente relevante a comprovação de que, ao optar pela manutenção de suas moradias no Centro, ainda que precariamente, a população pobre resistiu ao processo de expulsão das freguesias centrais, o que levou à mantença das contradições na organização socioespacial, apresentando-se, entretanto, de forma diferente a partir do momento em que os cortiços subiram os morros. Dessa forma, as favelas consolidaram-se como uma solução imediata de preservação da proximidade ao principal núcleo de trabalho. Assim, a questão

---

[27] Uma pequena árvore da família das leguminosas encontrada no morro da Providência.

[28] Cabe salientar que diferentes formulações sustentam a ocupação do morro da Providência. Contudo, há consenso no sentido de reconhecer não só a presença dos ex-combatentes da Guerra de Canudos no início da ocupação do morro, bem como a presença de moradores vindo dos cortiços derrubados, como foi o caso do "Cabeça de Porco", pois havia grande semelhança entre as construções habitacionais precárias existentes em um e em outro, levando a crer que a extinção de um promoveu a gênese do outro. Tais questões demonstram que há uma associação de tais personagens como protagonistas no processo de habitação do respectivo morro, fazendo-o notabilizar-se como importante símbolo de construção do termo favela e sua representação no contexto social da cidade. Ver Backheuser (1906), Vaz (2002), Valladares (2005), Gonçalves (2010).

habitacional popular passou a ser associada não a uma forma de construção, que seria o cortiço, mas a identificar-se como uma área – a favela (Vaz, 2002).

Percebe-se que a estratificação espacial decorreu da estratificação econômica e social imposta pelo Estado ao obstar que as classes menos favorecidas pudessem ter acesso a um espaço formal de moradia próximo ao principal mercado de trabalho e a bens urbanos disponibilizados, o que ficou bem evidente na "Reforma Passos". Todas as reformas advindas até então não levaram em conta a presença dos pobres. Não houve qualquer política executiva para incluí-los nas novas dimensões e reformulações arquitetadas. Eles não faziam parte dos novos padrões urbanísticos postos na estruturação do Centro e na Zona Sul da cidade, que, a partir daquele momento, teria seu perfil definido como áreas privilegiadas e, portanto, devendo abrigar apenas aqueles que atendessem a esse perfil. Tais vieses levaram a uma reação inclusiva no espaço da cidade que estava sendo recriado. A falta de opção imposta gerou a reação de autoinclusão no espaço da cidade como ação em sentido contrário ao que estava sendo infligido. A favela passou então a ser uma refutação social à insistência do Estado em não promover um sistema de igualdade ao não abrir espaços para que houvesse inclusão de todos nos bens urbanos, prática ainda encontrada hodiernamente.

Por outro lado, viu-se nesse período certa tolerância, por parte do Estado, questão da subida aos morros, justamente em um momento em que havia uma específica atuação no sentido de extinção dos cortiços pela motivação sanitarista. A condescendência era originada na ideia de que a população pobre se mantivesse próxima ao trabalho, certificando a nova divisão socioespacial que estava sendo estabelecida na cidade, com uma divisão mais nítida entre trabalho e moradia e em um distanciamento mais claro entre as classes sociais, sem onerar os custos da produção (Gonçalves, 2007).

Aliás, tal omissão, ao gerar uma aceitação tácita da presença das favelas no cenário da cidade, o que nunca foi assumido oficialmente, garantia certo nível de estabilidade social, necessário ao processo da cumulação. Abreu (1994) afirma que a permanência das favelas não esbarrava nos interesses do capital no geral, que, ao contrário, podia beneficiar-se delas, pois representariam relevante reserva de mão de obra para a indústria, construção civil e prestação de serviços, o que incluía serviços domésticos.

Posteriormente, contudo, houve um redirecionamento do sentido da tolerância. Com a finalidade de impedir a expansão da ocupação informal no Centro, o Decreto nº 762/1900 proibiu a construção de habitações coletivas em áreas que não fossem as freguesias da Gávea, do Engenho Velho, Engenho Novo, de São Cristovão, Inhaúma e Irajá, ou seja, distante do Centro e da área sul da cidade, que já se estabeleciam como regiões privilegiadas.[29]

Nesse compasso percebe-se que a discricionariedade municipal atuou nas favelas de acordo com interesses que levaram em conta critérios a partir de necessidades especificamente econômicas, o que não incluía qualquer preocupação com a implantação de uma política habitacional direcionada aos pobres.

Assim, constata-se que posição do poder público se alterava quando mudavam os interesses e que a tolerância se convertia agressivamente no controle direto da ocupação de determinados morros cariocas. Foi o que ocorreu com o morro do Castelo.

---

[29] Ver Rafael Soares Gonçalves, em seu livro *Les Favelas de Rio de Janeiro. Histoire et Droit. XIX-XX Siècles.* Editora Harmattan.

Moradia de inúmeras famílias pobres, foi destruído no governo de Carlos Sampaio (1920-1922) sob a justificativa de "aeração e higiene" e, logo depois, escolhido como local para a Exposição em Comemoração do Primeiro Centenário da Independência do Brasil. Coincidentemente, essa área se tornou de grande valor pela sua proximidade da avenida Rio Branco, um dos principais pontos nobres da cidade. Junto com o Castelo, também foi eliminado o bairro pobre da Misericórdia, um dos mais infectos bairros da cidade, segundo palavras do próprio prefeito.

Ainda na década de 1920, as favelas se notabilizaram como um mal social que impedia a expansão "civilizada" da cidade. Nesse período surgiu um dos grandes instrumentos jurídicos na tentativa de reprimir sua presença: o Plano Agache, o primeiro plano diretor oficial do Rio de Janeiro, que visava à remodelação, extensão e ao embelezamento da cidade. Sendo implementado no governo de Prado Júnior (1926-1930) por Alfred Agache, arquiteto francês convidado pelo prefeito para realizar novas reformas urbanas na cidade, que já se encontrava repleta de contradições (Abreu, 1987). O Plano Agache pretendia transformar o Rio de Janeiro através de investidas caracterizadas por critérios de estratificação social, o que seria materializado na concepção de que os bairros oceânicos da Zona Sul, principalmente Ipanema, Leblon e Gávea, deveriam ser destinados às classes de maior poder aquisitivo, enquanto os bairros do Catete, Laranjeiras, Flamengo, Botafogo, Andaraí, Vila Isabel e Tijuca deveriam ser opção de residências da classe média, restando os bairros dos subúrbios para a classe operária. Santa Tereza deveria se tornar residência de funcionários públicos pela proximidade com o Centro da cidade.

Quanto às favelas, Agache considerava que a única solução plausível era a sua destruição completa, pois "sua lepra suja a vizinhança das praias e os bairros mais graciosamente dotados pela natureza, despe os morros do seu enfeite verdejante e corroe até as margens da matta na encosta das serras" (Agache, 1930:190). Completava ainda que sua extinção se justificava por serem "um problema não só do ponto de vista de ordem social, de segurança, mas de hygiene e esthetica", devendo os "poderes públicos esforçarem-se a fim de impedir toda construção estável e definitiva nas favelas" até que fossem construídas habitações nos subúrbios operários a preços módicos.

Agache definiu as favelas como cidades-satélites espontâneas, com construções precárias, "compostas de uma população meio nômade, avessa a toda e qualquer regra de hygiene" (1930:93), que, no Rio de Janeiro, se desenvolveram principalmente nos morros. Sua categorização como cidade-satélite se baseava na organização de sua vida social, mas dependendo economicamente de um outro polo urbanístico próximo.

Nota-se mais uma vez a argumentação higienista como base justificadora para implantar atuações públicas direcionadas aos conglomerados habitacionais. O retorno insistente da retórica sanitarista resultou, 40 anos depois de proclamada a República, na concepção de cidadania em recorte, uma vez que não havia reconhecimento efetivo aos moradores dessas formas habitacionais de direitos civis e sociais, posto que, ao serem categorizados como um malefício social, eram desprovidos da liberdade de ir e vir. As retóricas remocionistas não levaram em conta as necessidades essenciais da vida desses atores sociais, o que é perceptível na preferência por Agache, em que os morros fossem ocupados por populações pobres (favela) do que pelas ricas, como ocorreu em Santa Tereza, onde se situavam, à época, opulentas construções sem métodos. Enquanto nas favelas a urbanização se daria mais facilmente, isso não ocorreria em Santa Tereza (Agache, 1930:22), revelando a dificuldade de imprimir uma lógica de igualdade adjetiva aos regramentos urbanos ao conceber que, apesar de suas ilegalidades flagrantes, aos ricos seria dificultoso aplicar as leis de remoção, enquanto aos pobres não se teria grandes dificuldades.

É interessante ainda salientar a constatação de Alfredo Agache quanto à organização social das favelas como maneira de sobrevivência, ainda que consubstanciadas na informalidade, ao relatar que famílias vivem lado a lado, criando-se laços de vizinhança, estabelecendo-se costumes e desenvolvendo-se certa atividade econômica, o que incluía a prática de comércio imobiliário ao notar que alguns moradores, ao melhorarem suas habitações, "alugam-na até e estabelecem-se noutra parte, e eis que pequenos proprietários capitalistas que se installaram repentinamente em terrenos que não lhes pertenciam" (1930:189).

Tais aspectos econômicos manifestados no mercado imobiliário, verificados já naquela época nas favelas, revelam a iniciação de importação de práticas existentes no espaço urbano legal como meio de satisfação das necessidades básicas, além da criação de uma identidade que se assemelha a todos dentro de uma organização social (Tarde, 2000). Ao constatar-se dentro das favelas práticas mercadológicas semelhantes àquelas existentes na cidade, está se constatando a reação, por parte dos favelados, de inclusão participativa na concepção de uma cidade por suas feições econômica e social. Ao repetir essas práticas, eles se inserem em um modelo econômico que dita as diretrizes sociais, das quais, do ponto de vista formal, estariam completamente excluídos.

Essas práticas foram posteriormente notadas pelo poder público, como ocorreu no Código de Obras de 1937 (Decreto 6.000, de 01/07/1937, em seu artigo 349, §7º), ao enfatizar que, "quando a prefeitura verificar que existe exploração de favela pela cobrança de aluguel de casebres ou pelo arrendamento ou aluguel do solo, as multas serão aplicadas em dobro". Observa-se, nesse aspecto, a intolerância na execução das articulações capitalistas por parte dos favelados, quando extraem de suas habitações uma renda fundiária-imobiliária, demonstrando que tais práticas não deveriam ser toleradas em decorrência dos sujeitos que as praticavam.

Aliás, o Código de Obras, na qualidade de texto legal, cuidou em detalhes do fenômeno favela ao atribuir uma definição formal-jurídica a essa categoria habitacional, passando a constar em documentação oficial da cidade. A favela deixou de ser apenas um fato e passou a possuir um conteúdo jurídico, ainda que de ilegalidade. A estruturação do texto legal continha, como ideia principal, a organização da cidade como forma de aplacar as vicissitudes impostas pelo crescimento urbano desordenado. Segundo suas vertentes principais, era preciso reordenar a localização das indústrias, disciplinar a construção de edifícios, que começavam a marcar presença na cidade, e de normatizar as habitações insalubres – as favelas –, o que, nesse aspecto, foi concebido juridicamente por alguns dispositivos legais, de modo especial o artigo 349, alocado dentro do capítulo que tratava da extinção das habitações anti-higiências:

> Artigo 349: A formação de favelas, isto é, de conglomerados de dois ou mais casebres regularmente dispostos ou em desordem, construídos com materiais improvisados e em desacordo com as disposições deste Decreto, não será absolutamente permitida.
>
> § 1º – Nas favelas existentes é absolutamente proibido levantar ou construir novos casebres, executar qualquer obra nos que existem ou fazer qualquer construção.

§ 2º – A prefeitura providenciará (...) por todos os meios ao seu alcance impedir a formação de novas favelas ou a ampliação e a execução de qualquer obra nas existentes, mandando proceder sumariamente à demolição dos novos casebres, daqueles em que for realizada qualquer obra, e de qualquer construção que seja feita nas favelas.

§ 3º – Verificada pelas Delegacias Fiscais ou pela Diretoria de Engenharia a infração ao presente artigo, deverá o fato ser levado com urgência ao conhecimento da Diretoria de Engenharia, que, depois de obtida a necessária autorização do Secretário Geral de Viação e Obras Públicas, mandará proceder à demolição sumária, independentemente de intimação e apenas mediante aviso prévio dado com 24 horas de antecedência.

§ 5º – Tratando-se de favela formada ou construída em terreno de propriedade particular, será o respectivo proprietário passível (...) da aplicação da multa correspondente à execução de obra sem licença e com desrespeito ao zoneamento.

§ 7º – Quando a prefeitura verificar que existe exploração de favela pela cobrança de aluguel de casebres ou pelo arrendamento ou aluguel do solo, as multas serão aplicadas em dobro.

§ 8º – A construção ou armação de casebres destinados à habitação, nos terrenos, pateos ou quintais dos prédios, fica sujeita às disposições deste artigo.

§ 9º – A Prefeitura providenciará como estabelecer o Título IV do Capítulo deste Decreto para a extinção das favelas e a formação, para substituí-las, de núcleos de habitação de tipo mínimo.

Ao analisar os dispositivos legais que tipificam as favelas, conclui-se que o Código de Obras retorna às concepções do Plano Agache, ao considerá-las por uma feição ilegal e, portanto, consolidando o parâmetro marginal das mesmas. Sua intenção era não só obstar a instalação de novos adensamentos informais, mas promover sua própria extinção (§ 9º), utilizando-se, inclusive, de mecanismos de urgência, através de demolição sumária, independentemente de intimação e apenas aviso prévio dado com 24 horas de antecedência (§3º).

Atenta-se para o fato de que o Código de Obras de 1937 iniciou uma nova percepção das favelas, haja vista que até então elas não apareciam nos instrumentos oficiais de forma conceitual. Apesar de presentes na malha urbana, juridicamente não possuíam uma categorização específica. A partir de sua oficialidade como classe precária de habitação, não abarcariam legitimidade suficiente na obtenção de qualquer recurso público que viabilizasse melhorias.

Foi dentro desse contexto que surgiu uma "solução" inovadora para as favelas: as habitações do tipo mínimo e as habitações proletárias, que seriam destinadas às pessoas reconhecidamente pobres e às classes operárias, respectivamente.

Segundo o artigo 346 do Código de Obras, as habitações proletárias de tipo econômico deveriam ser construídas em um único pavimento de 60 metros quadrados, que, de acordo com o projeto aprovado, seriam organizadas em classe A, B ou C. O tipo A seria a casa de um quarto, cozinha e gabinete sanitário; a B seria de um quarto, uma sala, cozinha e gabinete sanitário; enquanto a C permitiria dois quartos, uma sala, cozinha e gabinete sanitário. Era vedada a construção de mais de uma casa para a mesma pessoa, sendo proibida a locação e venda do imóvel a terceiros.

No que é pertinente às habitações de tipo mínimo, estas seriam destinadas aos reconhecidamente pobres (§7º do artigo 347), não sendo estabelecido pela lei qual o critério de definição para "reconhecidamente pobre". Todavia, o artigo 347 indicou que a modalidade de habitação do tipo mínimo seria aquela que substituiria as favelas, à medida que fossem sendo extintas. Não era possível, nas instâncias da lei, a possibilidade de vender o imóvel, devendo ser devolvido à Prefeitura quando o morador não a quisesse mais, sendo indenizado pelas importâncias pagas, descontados 10%. Ou seja, o morador receberia um imóvel, mas sem a possibilidade de exercer a faculdade de dispor do bem livremente, impedindo o adquirente do exercício da liberdade de contratação, uma vez que, pelo princípio da autonomia da vontade, uma pessoa possui arbítrio na escolha dos seus contratantes, bem como a liberdade em articular a especulação valorativa do bem negociado, o que era obstaculizado, uma vez que o preço do imóvel era determinado pelo ente público.

Os terrenos, objeto de implantação do programa, seriam de propriedade privada, nos quais já existissem favelas ou que fosse da conveniência do Estado (§2º do artigo 347).

No caso das habitações proletárias, sua implantação seguia a compreensão de impor suas edificações em zonas localizadas nas áreas de ZR 3 e ZA, que, de acordo com o artigo 7º, parágrafo 3º, estariam localizadas nas regiões situadas em Jacarepaguá, Madureira, Vaz Lobo, Irajá, Inhaúma, Penha, Ilha do Governador e Paquetá, além de zonas rurais e agrícolas não compreendidas nas demais zonas estipuladas pelo Decreto nº 6.000/37. Na prática poucos parques proletários foram erguidos. Na década de 1940 foram construídos três, localizados na Gávea, Leblon e Caju, para onde se dirigiram 4 mil pessoas, ironicamente removidas após a alta valorização desses espaços (Burgos, 2004:28).

Mas é interessante pontuar que as tentativas de dotar os parques proletários como forma de solução para as favelas se revelaram de maneira curiosa, ao perquirir os mecanismos de controle público exercidos por manejos que visavam a dar a seus moradores boas maneiras, um método de disciplinação. Nesse aspecto, os sociólogos Anthony e Elizabeth Leeds (1978) descrevem as práticas recorrentes de "ajustes morais" a que eram submetidos os habitantes de alguns parques proletários, como a necessidade de registrar-se previamente no posto policial para a identificação na porta de entrada. Seus portões eram fechados às 22 horas, sendo que, a partir das 21 horas, por um microfone, eram relatados os acontecimentos do dia, além de lições de moral. Nota-se que o tratamento dirigido a tais moradores conserva a presunção de classe perigosa e, portanto, passível de rigoroso controle, como se justifica legalmente o tratamento desigual ao restringir seus direitos civis.

Marcelo Burgos (2004) relata que o efeito esperado da experiência dos parques proletários deu-se ao revés, posto que, em decorrência das articulações que envolviam a tentativa de generalização dos parques, resultou em um processo embrionário de organização dos moradores das favelas como oposição a um suposto plano da Prefeitura de remover todos os moradores para um lugar não atraente, principalmente pelas práticas de disciplinação e pela precariedade das unidades habitacionais. Já em 1945, comissões de moradores dos morros do Pavão/Pavãozinho e posteriormente dos morros do Cantagalo e da Babilônia se organizam para resistir a qualquer atitude remocionista.

A questão mais relevante nas observações de Burgos encontra-se na atitude proativa dos moradores de favelas ao se posicionarem como atores políticos na resistência à intervenção estatal e diante da ameaça de perderem suas casas e redes sociais. Tal refutação contribuiu para que fosse articulada, pela primeira vez, uma pauta de direitos sociais referente a problemas de infraestrutura das favelas, proporcionando um maior contato entre o ente público e os favelados (Burgos, 2004:28-29).

Cabe ressaltar que nesse período as favelas já estavam situadas em várias regiões da cidade, pois, a partir da década de 1930, o crescimento multidirecional da cidade fez com que aumentassem as distâncias entre trabalho e moradia. Contudo, esse crescimento não foi acompanhado de melhorias nos transportes públicos, o que tornava mais viável a alocação da classe trabalhadora em áreas mais próximas do trabalho.

Com o deslocamento das indústrias em direção ao subúrbio, os polos de trabalho também eram encontrados em outras áreas que não exclusivamente a central da cidade, favorecendo o deslocamento de ocupações informais para essas regiões, tendo em vista que os subúrbios, a essa altura, já se manifestavam com forte ocupação de espaços. Os terrenos situados em áreas de difícil acesso, como morros e margens de rios, passaram a ser opção de conglomerados habitacionais de classes trabalhadoras, opção esta tolerada pelo Estado naquela região.

Assim, percebe-se um número cada vez mais crescente de aglomerados habitacionais informais pela cidade. Em 1947, o poder público resolveu obter mais dados que revelassem a realidade das favelas cariocas, o que se deu através do primeiro censo dedicado à população favelada do Rio de Janeiro, revelando um total de 138.837 habitantes distribuídos em 105 favelas. Segundo os dados, boa parte de seus moradores eram migrantes (52%), constatando, portanto, que o aumento do fluxo migratório a partir da década de 1930 contribuiu substancialmente para o aumento populacional das favelas no Rio de Janeiro (Abreu, 1987:107).

O censo apresentava dados até então pouco conhecidos sobre a favela, como as condições das habitações, quantitativo populacional, renda média, profissão, origem, cor etc. Entretanto, ainda que ele se revestisse de iniciativa mais depurada do universo da favela, conforme proposta realizada no primeiro Congresso

Brasileiro de Urbanismo (1941), suas conclusões se direcionaram no sentido de justificar um alijamento e não uma política inclusiva de seus atores sociais. Ao que parece, o discurso sanitarista voltava à cena, com contornos raciais bem incidentes, 61 anos depois da abolição da escravatura. As classes "perigosas" voltavam a apresentar-se no discurso oficial para justificar qualquer tratamento desigual aos favelados, até porque, segundo as conclusões dos relatores do censo, "o preto, por exemplo, via de regra, não soube ou não pôde aproveitar a liberdade adquirida e a melhoria econômica que lhe proporcionou o novo ambiente para conquistar bens de consumo capazes de lhe garantirem nível decente de vida".[30]

Dessa forma, reforça-se o (pré) conceito de que as favelas são compostas de pessoas não dispostas ao trabalho, sugerindo que a situação de favelado seja produto de uma escolha e não resultado de todo um processo histórico de exclusão social. Tais suposições induzem a compreender que o censo tivesse um fim já premeditado de justificação da erradicação das favelas, razão que se encontra nas conclusões e análises do dito relatório:

> Renasceu-lhe a preguiça atávica, retornou a estagnação que estiola, fundamentalmente distinta do repouso que revigora, ou então – e como ele todos os indivíduos de necessidades primitivas, sem amor-próprio e sem respeito à própria dignidade – priva-se do essencial à manutenção de um nível de vida decente, mas investe somas relativamente elevadas em instrumentária exótica, na gafieira e nos cordões carnavalescos, gastando tudo, enfim, que lhe sobra da satisfação das estritas necessidades de uma vida no limiar da indigência.[31]

---

[30] Relatório do Censo de 1947, publicado em 1949.
[31] Idem.

Tal aparato discursal vai contribuir com a construção mais atualizada da categoria dos vagabundos ou vadios, o que seria validado pela ausência de um domicílio certo. O tipo penal que concebia a vadiagem como ilícito criminal já era existente no Código Penal de 1890, que previa em seu artigo 390:

> Deixar de exercer profissão, ofício, ou qualquer mister em que ganhe a vida, não possuindo meio de subsistência e domicílio certo em que habite; prover a subsistência por meio de ocupação proibida por lei, ou manifestamente ofensiva da moral e dos bons costumes: Pena – de prisão celular por quinze a trinta dias.

Assim, mantinha-se a prefiguração da contravenção da vadiagem pelo viés da pobreza, pois os elementos estruturais que consolidavam o seu tipo estavam edificados na ausência de meio de subsistência e na ausência de domicílio certo. O meio de subsistência era reconhecido pela via jurídica através de emprego formal ou decorrente de uma factualidade subsistente na demonstração de mãos calejadas que indicassem algum labor braçal, no momento em que o sujeito "suspeito" fosse inquirido pela autoridade policial. A discricionariedade policial decidiria se o sujeito era ou não um vadio. A análise do "domicílio certo" levava em consideração a residência da pessoa em habitações formais, o que já excluía os moradores das favelas. Aliás, os favelados se tornariam vadios em potencial, posto que era a favela que reunia considerável quantitativo de pessoas que, além de não possuírem um emprego formal, não tinham suas residências consideradas pela lei. Portanto, não poderiam abarcar o sentido de domicílio certo.

Por essas razões, os favelados se tornariam destinatários preferenciais de uma política "preventiva" baseada na segurança pública, sendo importunados constantemente pela polícia sob a alegação de vadiagem, decorrente de presunção *juris et de jure*[32] de seu status de vadios. Vê-se, dessa forma, uma relação perversa entre o ente público e os favelados, pois, se de um lado há tolerância na presença das favelas na cidade, até porque sua presença atende a interesses das classes dominantes, como já ressaltado anteriormente, por outro lado cuida-se de não dotar-lhes de um tratamento digno e igualitário, preservando as diferenças sociais.

Tais perspectivas não inclusivas, originadas dos relatórios censitários, mantiveram-se no censo de 1950, quando ocorreu o primeiro recenseamento no Brasil a calcular a população da favela separadamente da população geral, diferentemente do de 1947, de natureza apenas local. Em que pese a relevante representação do referido censo, principalmente pelo fato de contribuir para uma discussão mais apolítica da favela, apreciada pela necessidade de maior conhecimento do fenômeno em si, as sugestões de soluções para minorar as desigualdades foram bem tímidas, mantendo-se o Estado em certa estagnação no combate às contradições do espaço urbano nesse quesito em especial. Até porque, ao recensear as favelas separadamente da população no geral, o Estado imprimiu aos favelados uma categorização diferenciada da população como um todo, distinguindo os cidadãos por sua forma de morar, já consubstanciando a ideia de que o assunto favela deveria ser tratado fora do contexto das cidades em nível geral.

O respectivo levantamento conceituou favela como "aglomerados que o consenso público classifica como tal, estejam situados nos morros ou em qualquer outra parte". Para Valladares (2009),

---

[32] Brocardo latino que dispõe presunção absoluta, e, portanto, não admite prova em contrário.

o censo teve em Alberto Passos Guimarães o principal agente na discussão metodológica da apresentação da definição de favela. O critério metodológico adotado levou em consideração algumas características, como proporção mínima. Nesse caso, seria levada em conta a quantidade mínima de 50 habitações consideradas em conjunto. Considerar-se-ia também o tipo de habitação, desde que fossem reputadas como agrupamento de casebres construídos de folhas de flandres, chapas de zinco, tábuas ou materiais semelhantes. A falta de licenciamento da edificação e sua ocupação em terreno alheio perfaziam algumas das características definidoras, associadas à ausência de recursos urbanos, como rede de saneamento, luz e água encanada. Por fim, que se situasse em área não urbanizada, o que correspondia à falta de arruamento, sem numeração e emplacamento.

É interessante observar que o cômputo geral do censo de 1950 levou ao somatório de 58 favelas na cidade do Rio de Janeiro, diferentemente das 105 determinadas no de 1947, mesmo que o número de seus habitantes tenha aumentado de 138.837 para 169.305. Tais resultados parecem indicar que, ao delimitar a definição oficial de favela como conglomerados com o mínimo de 50 habitações por espaço territorial, permitiu excluir aquelas que não atendessem a essa delimitação.

Isso revela que as composições jurídicas consideraram as favelas fora de seus próprios contornos, criando uma concepção legal diversa da realidade ao utilizar dados que não se revelam na exatidão dos fatos e, portanto, não permitindo uma aplicação mais generalista da própria lei, ao restringir o alcance de instrumentos legais de acesso a direitos.

Outro fato a ser ressaltado encontra-se nos critérios metodológicos presentes no censo de 1950 ao categorizar as favelas como áreas de moradias precárias ao empregar o termo "aglomerados subnormais".[33]

A partir desse momento, houve a conexão de vários acontecimentos que resultaram na consolidação do processo de crescimento das favelas, sua chancela de ilegalidade e irregularidade arquitetônica e seus esforços na manutenção como parte integrante da cidade. É possível ainda observar que vários acontecimentos se repetiram e que inúmeras justificativas se replicaram na história, uma espécie de replay argumentativo, no sentido de avocar às favelas a responsabilidade das distorções erigidas no espaço urbano. Isso inclui a desconsideração de suas práticas sociais dentro do espaço em que se estabeleceram suas principais relações de convívio e, por que não dizer, a desconsideração do seu próprio existir, pela insistência dos mecanismos jurídicos em não reconhecer as inúmeras tentativas de autoinclusão no espaço da cidade que os moradores de conglomerados habitacionais irregulares executaram.

Contudo, ao passo que agentes públicos estruturavam articulações direcionadas às práticas remocionistas amplamente percebidas nas décadas seguintes, também era possível perceber a reação de vários segmentos da sociedade no sentido de melhorar as condições de vida dos habitantes de favelas. A Igreja Católica, representada pela figura de Dom Helder Câmara, se revelou de grande importância, principalmente na perspectiva inclusiva levantada por ele a partir de sua participação no Congresso Eucarístico Internacional dos anos 1950. Dom Helder defendia que a remoção dos operários não poderia ser feita sem critérios, jogando-os à sua própria sorte nas periferias urbanas, sem a atenção de recursos como saneamento básico e meios eficientes de transporte (Mello,

---

[33] Termo ainda utilizado, na atualidade, por órgãos governamentais como o Instituto Pereira Passos, autarquia do município do Rio de Janeiro, responsável pelo planejamento urbano da cidade.

2009).³⁴ Suas concepções estavam em sintonia com o pensamento de vários padres operários europeus, como o padre Lebret,³⁵ autor do primeiro manual de pesquisa urbana em língua francesa (que observava não só os indicadores econômicos, como os sociais, o que consistia em uma novidade à época) e fundador do movimento "Economia e Humanismo."³⁶

Padre Lebret marcou sua presença no Brasil pela atuação no estudo da SAGMACS – Sociedade de Análises Gráficas e Mecanográficas Aplicadas aos Complexos Sociais, a primeira pesquisa relevante sobre as favelas do Rio de Janeiro. A pesquisa foi encomendada pelo jornal *O Estado de S. Paulo* à Sociedade de Análises Gráficas e Mecanográficas Aplicadas aos Complexos Sociais e foi conduzida pelos sociólogos José Arthur Rios e Carlos Alberto de Medina e pelo arquiteto Hélio Modesto. Com duração de três anos (1957-1959), foi publicada pelo jornal que a encomendou em 1960. O estudo tornou-se um marco na pesquisa sobre as fa-

---

³⁴ Cabe pontuar a atuação de Dom Helder Câmara no que diz respeito às políticas de remoção perpetradas à época, que o levaram a efetivar a sua mais relevante ação neste sentido: A Cruzada São Sebastião, que consistia em uma associação fundada em 1955, durante o XXXVI Congresso Eucarístico Internacional, com o propósito de urbanizar todas as favelas da capital num prazo de 12 anos. A ideia de urbanização tinha como objetivo preservar a rotina dos favelados, mantendo-os próximo aos seus locais de trabalho, objetivo este desprivilegiado pela política de remoção imposta pelo poder público. Os primeiros contemplados pelas obras da Cruzada foram alguns moradores das favelas da Praia do Pinto e das Ilhas das Dragas, que foram morar no bairro de São Sebastião do Leblon, que era composto por dez prédios, com sete andares cada um, abrigando 916 famílias no total.
³⁵ Licia do Prado Valladares, em *A invenção da favela – do mito de origem à favela.com*, descreve com detalhes a atuação do padre Lebret no Brasil e sua interação com Dom Helder Câmara.
³⁶ "Economia e Humanismo" (*Économie et Humanisme*), de origem francesa, é um movimento de intervenção no campo econômico e social para a promoção de uma economia a serviço do ser humano, numa adaptação contínua ao contexto social (DOMINGUES, 2008).

velas, tendo sido citado diversas vezes em outras pesquisas sobre o tema, principalmente pelo fato de mostrar dados mais afetos à realidade sobre esses assentamentos urbanos informais, demonstrando que as políticas públicas em matéria urbanística até então trouxeram efeitos ao revés, sendo estas, em muitos casos, responsáveis pelo agravamento da crise de habitação na cidade.

É parte do relatório:

> O problema das favelas do Distrito Federal, além de suas causas decorrentes de problemas econômicos e sociais de ordem nacional, apresenta causas diretamente consequentes da desorientação da expansão urbana, do mau uso da terra e da desorganização administrativa.

O estudo adotou a temática Aspectos Humanos da Favela Carioca, cuja tarefa se baseava em "conhecer a vida nas favelas, penetrar, quanto possível, na intimidade do favelado, descobrir suas atitudes fundamentais, suas reações e sentimentos, sua concepção de vida, de si mesmo e da cidade em que habita". Na época do estudo, o Rio de Janeiro contava 186 favelas, nas quais moravam 750 mil pessoas, um quarto da população da cidade

O resultado obtido na pesquisa revelou as consequências da escassa atuação efetiva do poder público no gerenciamento das políticas públicas voltadas para o acesso a moradias. No período das décadas de 1940 a 1960, o que se fez nessa matéria foi bem tênue.

Concretamente, no governo Dutra (1946-1951), tem-se a primeira experiência de política nacional de habitação, com a criação da Fundação da Casa Popular,[37] inspirada nos resultados prove-

---

[37] A Fundação da Casa Popular foi instituída pelo Decreto Lei nº 9.218/46, sendo subordinada ao Ministério do Trabalho, Indústria e Comércio. O artigo 2º descrevia sua finalidade: "Proporcionar a brasileiros ou estrangeiros com

nientes dos IAPs,[38] com a finalidade de centralizar a política de habitação. Sua principal diretriz era proporcionar a aquisição de moradias baratas em áreas urbanas e rurais através de financiamento e construções que ficariam a cargo das prefeituras municipais, além de financiar obras de saneamento básico. Extinta em 1964, chegou ao pífio resultado de construir cerca de 20 mil unidades, observando que, dos anos 1940 aos 1960, a população brasileira passou de 41 milhões para 70 milhões de habitantes, boa parte moradora de assentamentos informais. Sua trajetória foi marcada por sérias dificuldades financeiras. Segundo José Maria Aragão (1999), em sua tese de doutorado sobre o Sistema Financeiro de Habitação, a escassez de recursos financeiros teria sido a grande causa do insucesso da Fundação da Casa Popular, que, contudo, contribuiu para um ensaio na constituição do Sistema Financeiro da Habitação.

O Sistema Financeiro de Habitação (SFH), criado em 1964, não obteve sucesso em relação às necessidades crescentes das populações de baixa renda. A crise dos anos 1980, que culminou com a extinção do Banco Nacional da Habitação (BNH), provocou a paralisação dos programas habitacionais, penalizando ainda mais as famílias sem possibilidades de acesso aos sistemas de mercado. Esses fatos foram de extrema importância para aumentar o número de moradias irregulares e outras formas de habitação inadequa-

---

mais de dez anos de residência no país ou com filhos brasileiros a aquisição ou construção da moradia própria, em zona urbana ou rural." A preferência na aquisição dos direitos dispostos era dos trabalhadores de atividades particulares, os funcionários públicos e de autarquias ou que trabalhassem no cultivo de produtos essenciais à alimentação popular.

[38] Institutos de pensões que acabaram atuando na área habitacional, de maneira especial em grandes conjuntos habitacionais para locação e equipamentos coletivos anexos, destinados ao atendimento de necessidades de determinadas categorias profissionais.

das, provocando um incitamento cada vez maior dos movimentos populares por moradia (Bayeux e França, 2002).

Aliás, várias políticas públicas voltadas para a matéria urbana, nas décadas de 1960 e 1970, foram instruídas no sentido remocionista, fazendo desse período um momento delicado para as favelas, revelando-se historicamente como uma "diáspora urbana forçada", nas palavras de Marco Antônio Mello (2009), ao observar as remoções praticadas nessa época, sem estabelecer qualquer critério de escolha para os favelados.

Não se deve olvidar que, a partir da década de 1960, o Rio de Janeiro deixou de ser a capital do Brasil, passando logo a Estado da Guanabara, que teria Carlos Lacerda como seu segundo governador.[39] Em matéria urbanística, Lacerda objetivou atenção executiva para o problema viário da cidade, devido à avultada circulação de automóveis particulares que gerava intensos congestionamentos de tráfego, principalmente no sentido Zona Sul e Centro. Na intenção de promover uma reforma que atendesse às novas demandas urbanas, encomendou ao escritório grego Doxiadis Associates, de propriedade do arquiteto e urbanista grego Constantino Doxiádis, um plano diretor que orientasse e ordenasse o crescimento da cidade até o ano 2000. O plano somente foi publicado em 1965, já no final do mandato de Lacerda, em língua inglesa, sob o título Guanabara Urban Development Plan. O Plano Doxiadis visava a uma política viária expansionista, cujo resultado foi um plano de vias expressas (Plano Policromático) conhecidas como Linhas Coloridas.

---

[39] O primeiro governador, José Sette Câmara Filho foi nomeado pelo presidente da República e exerceu o cargo até 5 de dezembro de 1960, quando o passou para o primeiro governador eleito, Carlos Lacerda, que exerceu o cargo por cinco anos.

Em relação às favelas, o plano concebia aderência à política de remoção já praticada pelo governo (Perez, 2005), pois a atuação de Lacerda muito se aproximava das concepções de Agache, principalmente pela perspectiva de remodelamento na feitura de obras que impusessem a remoção dos favelados compulsoriamente. Assim, ao pensar nas questões viárias, que gerava problemas principalmente para as classes de maior poder aquisitivo, sua atenção se direcionou consistentemente às áreas privilegiadas, o que originou a remoção de várias favelas dessas localidades para regiões afastadas da cidade, sem objetivar qualquer critério de escolha para seus moradores, como ocorreu com a Favela do Esqueleto, no local onde hoje se encontra a Universidade do Estado do Rio de Janeiro, no bairro do Maracanã, Zona Norte da cidade. A favela foi removida e seus moradores, assentados, em sua maioria, na Zona Oeste da capital fluminense, mais precisamente em Senador Camará e em Vila Kennedy.

Durante o mandato de Carlos Lacerda, foram construídos conjuntos habitacionais para receber moradores de favelas removidas compulsoriamente. Tais conjuntos não eram providos de recursos urbanos que compusessem minimamente a dignidade dos seus moradores. Foram implantados em locais distantes de fontes de trabalho, como a Vila Aliança, em Bangu; a Vila Esperança, em Vigário Geral; a Vila Kennedy, em Senador Camará; além da Cidade de Deus, em Jacarepaguá, que, sozinha, recebeu moradores de 23 favelas extintas. A criação dos conjuntos habitacionais fazia parte do Plano de Habitação Popular.

Essas tentativas de recolocação habitacional se estabeleceram como a constituição de outras favelas, as "formais", valendo o Estado como promotor efetivo e direto dessa forma habitacional ao deslocar os moradores das favelas de maneira coercitiva, sem lhes dar qualquer direito de escolha e sem proporcionar qualquer acesso a crédito imobiliário que viabilizasse suas aquisições livremente. Aliás, a atitude dos agentes públicos de demolir ou remover favelas, a despeito de uma política urbana inócua, tentativa significante de banimento dos pobres de regiões com poder de especulação imobiliária, trouxe consequências desastrosas. Uma delas se vê na mobilidade de seus moradores entre as favelas, um rodízio, por assim dizer. Removidos de uma, ou iriam morar nos conjuntos habitacionais instituídos pelo governo, que seriam "favelizados" posteriormente pela ausência de recursos públicos, ou se deslocariam para outras já existentes.

A concepção dos conjuntos habitacionais como resposta ao déficit habitacional, por serem desarticulados da cidade, trouxe grande insatisfação, intensificando ainda mais o processo das ocupações irregulares, conduzido à base de múltiplos conflitos. Assim, como modelo tecnocrático de gestão e de implantação em que estavam baseados, esses programas resultaram em estruturas que se deterioraram ao longo do tempo (Bayeux e França, 2002).

Na realidade, a composição da lógica política que preteriu o processo de urbanização em detrimento da remoção partiu do exame de que a possível urbanização da favela serviria como estímulo à favelização, e, desse modo, não deixaria de ser uma situação transitória, efêmera, mas, sobretudo, recrudesceria como manifestação autoinclusiva em espaços que deveriam ser preservados aos estratos médios da população. O que se constata é que, no decorrer de toda a trajetória histórica da favela, na cidade do Rio de Janeiro, seus moradores, os favelados, foram qualificados como sujeitos marginais, que nada poderiam oferecer ao Estado, devendo, dessa maneira, ser eliminados dos espaços dotados de visibilidade para ser recolocados em áreas distantes, de preferência que se tornassem não visíveis (Valladares, 1980).

O discurso de remoção sempre partiu da premissa de que os favelados não teriam legitimidade para ocupar determinados espaços, pois sua permanência seria incompatível com o desenvolvimento imobiliário almejado por parte da sociedade, que se via incomodada com sua presença, além da representação da sobreposição de classes que o controle do solo simboliza.

A inaptidão desses procedimentos para resolver a questão urbana na cidade já havia sido advertida por Backheuser em seu relatório sobre habitações populares, apresentado ao ministro da Justiça e Negócios Interiores em 1906, ao concluir que a política que deveria ser adotada para essas modalidades habitacionais seria aquela que concentrasse salubridade, barateza e proximidade do trabalho. Em direção semelhante seguiu Mattos Pimenta, que, a partir de 1926, passou a escrever inúmeros artigos sobre as favelas, ainda que contrários a elas. Pimenta salientava que destruir barracões não resolveria o problema; ao contrário, acreditava que estaria transferindo o "problema" para outro lugar, considerando que tais procedimentos agravariam a situação, pois iriam promover um processo migratório entre as favelas – o que futuramente veio a consolidar-se como fenômeno social.

As imposições remocionistas realizadas pelos atores estatais sempre tiveram como foco principal de suas gestões a capacitação de áreas rentáveis para a especulação imobiliária, dando abrigo às classes economicamente privilegiadas, mesmo que isso custasse a recondução a fórceps de inúmeros grupos de pessoas, sem que importasse a intensa alteração de seus cotidianos, pois, na consolidação da favela, pressupõe-se o estabelecimento de vínculos econômicos, sociais e afetivos que fazem uma enorme diferença no embate da vida urbana (Magalhães, 2009).

Um exemplo da inabilidade de tais operações se deu na remoção da favela da Praia do Pinto, em 1969, no bairro do Leblon: após um incêndio de causas desconhecidas que colaborou para a remoção desejada há tempos pelas autoridades públicas. A coincidência colaborou para a "solução". No lugar, foram erguidos prédios destinados a famílias de classe média e militares, conhecidos atualmente como Selva de Pedra. Grande parte dos antigos moradores da favela foi removida para o Complexo da Maré, Cidade de Deus e Vila Kennedy.

Fato semelhante ocorreu com a Favela da Catacumba, que, pela mesma lógica remocionista, foi extinta devido à sua localização privilegiada na Lagoa Rodrigo de Freitas. Alvo de especulação imobiliária, cedeu lugar a prédios luxuosos, bem como ao atual Parque da Catacumba. Seus moradores também foram removidos para conjuntos habitacionais, entre eles Vila Kennedy e Cidade de Deus.[40]

Favela da Catacumba – 1934

---

[40] Dados do site: favelatemmemoria.com.br.

Visão da Catacumba nos dias atuais

É interessante notar que ainda há, nos dias atuais, tentativas de reedição de tais práticas. O governo do estado do Rio de Janeiro chegou a assumir posição favorável à construção de muros no entorno de algumas favelas, para conter a sua expansão sobre áreas de preservação ambiental – um total de 19, conforme divulgado –,[41] uma espécie de guetificação intramuros dos pobres urbanos pela imposição de uma muralha para aprumar uma cidade desajustada pelos desmandos do poder público (Mello, 2009).

Percebe-se que, com o passar dos anos, ainda é possível deparar-se com razões que balizam as práticas públicas sobre os assentamentos informais, de maneira a ajustar e controlar, mas pouco se constrói no sentido de conceber as favelas como parte integrante da cidade, integralizando igualitariamente todos nos bens urbanos, de maneira especial, através de políticas públicas que visem a

---

[41] O assunto foi amplamente divulgado na imprensa nacional e internacional, causando repúdio, inclusive da ONU, em 6 de maio de 2009, que imputou à construção dos muros uma maneira de "discriminação geográfica".

conceber o acesso democrático a moradias dignas, que certamente deveriam ser reputadas a um sentido de cidadania uniforme.

Conclui-se, portanto, que a problemática que envolve a questão de acesso à moradia não é nova, envolvendo feições históricas consolidadas através dos tempos, assumindo formatações distintas, demonstrando que, ainda que o acesso à moradia esteja hoje assegurado na Constituição Federal, mantém-se sem eficiência.

Para se ter uma ideia da gravidade do déficit habitacional que proporciona a consolidação das favelas, segundo dados do IBGE, o Rio de Janeiro possui cerca de 1,3 milhão de moradores de favelas, 210 mil a mais do que no ano 2000. Os censos mostram que, nos últimos 20 anos, houve uma explosão demográfica nas favelas do Rio: o número de moradores nessas áreas passou de 637.518 em 1980 para 1.092.783 em 2000, o que significa um aumento de aproximadamente 72%. O fenômeno é tão acelerado que, segundo o Instituto Pereira Passos (IPP), entre 1991 e 2000 a população das favelas cresceu seis vezes mais que a das áreas formais.

Tais números revelam que o processo de privatização dos espaços da cidade iniciado já em princípios do século XX, chancelado pelo Estado ao "pensar" a cidade pelo viés da especulação imobiliária claudicante, permitiu que se imprimisse à cidade vários recortes espaciais que foram ditados pelos interesses de grupos econômicos que visavam unicamente ao lucro e não aos direitos.

Como explicitado, as favelas apresentam-se como parte de uma intensa trajetória de desigualdade gerada pelo processo de metropolização descuidada. As condições que regularam todo o processo de produção e circulação da moradia, além da atuação dos vários agentes envolvidos na relação entre a propriedade fundiária e o capital, contribuíram efetivamente para que tais distonias fossem geradas (Ribeiro, 1997).

Essas distorções iniciais se cristalizaram assumindo novos contornos, nunca tratados concretamente como uma realidade da cidade, sendo apenas tomados como um problema que pudesse ser mitigado com atitudes políticas estanques. Revelam ainda a ausência de uma cidadania urbana reflexiva de um contexto de cidadania universal, que afasta o sentido único de moradia como mera mercadoria, acolhendo-a, antes de tudo, como um direito respaldado na própria cidadania.

Esse descuido perceptivo acaba por reforçar as diferenças entre as realidades da cidade, repartindo-a entre asfalto e favela, o que intensifica a concepção de opostos, uma oposição estimulada pela antagonização de interesses entre um e outro. À favela é atribuída a responsabilidade de decompor o cenário da cidade, fazendo com que haja uma desvalorização dos espaços situados na proximidade de tais conglomerados, além das implicações com a falta de segurança em transitar nessas localidades.

A atual justificativa da preservação ambiental também contribui pela mantença dessas oposições. Em matéria divulgada pela imprensa, afirma-se que o Rio possui 65 favelas que avançam dentro de áreas de preservação ambiental (APAs), segundo pesquisa do Tribunal de Contas do município do Rio de Janeiro.[42] De acordo com o noticiado, um dos pesquisadores revelou que em um ano foram registrados 4,18 hectares de desmatamento, independentemente de ter sido ou não provocado por favelização. Contudo, a pedido da Prefeitura, foram monitoradas especialmente algumas favelas, como a Rocinha, o Vidigal e outras situadas no bairro da Tijuca.[43]

---

[42] *O Globo* – 27 de junho de 2010, p. 19.
[43] Em matéria publicada no jornal *O Globo*, em 29 de agosto de 2010, o bairro da Tijuca se tornou o "xodó das construtoras", com crescimento em torno de 16% ao ano para novos empreendimentos imobiliários.

Nota-se certa preocupação por parte do poder público em monitorar o avanço de algumas favelas – especialmente aquelas situadas em áreas de classe média –, mas não se observa a mesma preocupação com a invasão de áreas de proteção ambiental por construções de setores privilegiados. Como se esse tipo de invasão não ocorresse. Em panorama pela cidade é percebível que não há somente favelas que ocupam encostas ou áreas ambientais que deveriam ser preservadas. Inúmeros loteamentos regulares, aprovados pela autoridade municipal, encontram-se em situação de consistente impacto ambiental, como ocorre em vários bairros nobres das regiões Sul e Oeste da cidade. Contudo, o discurso da preservação tem recaído habitualmente apenas sobre o avanço das favelas. O outro tipo de invasão não é divulgado.

Não há qualquer vestígio de questionamento desse tipo, a despeito do crescimento imobiliário que investe sobre áreas naturais em zonas como a Barra da Tijuca e o Recreio dos Bandeirantes, bairros com grande índice de crescimento imobiliário da cidade na atualidade. São erguidos condomínios de prédios e casas em matas e mangues, com a aprovação da municipalidade, sem que haja qualquer interpelação sobre suas investidas, que impactam o meio ambiente flagrantemente.

A questão da segurança pública, decorrente da presença do tráfico de drogas nas favelas cariocas, também lança sobre os favelados a responsabilidade social de inconvenientes trazidos à cidade, o que, por consequência, acarreta choque de interesses entre a cidade formal e a informal. A presença do tráfico de drogas atribuída às favelas como causa dos problemas de violência que assolam a cidade, fatos amplamente divulgados e correlacionados, levam a crer que a imputação dos desarranjos sociais verificáveis na cidade são questões localizadas ou mesmo particularizadas. Não reconhecer suas reais naturezas é fazer prevalecer uma visão restrita do problema.

A questão da violência urbana, situação que experimenta quase todo grande centro urbano, independentemente do processo de favelização, possui inúmeros vértices, entre eles a clara associação entre a violência e a exploração da força de trabalho, que promovem uma lacuna abissal entre as camadas da sociedade; logo, fomenta uma péssima distribuição de renda. Portanto, a questão da violência se manifesta como um problema nacional e, por que não dizer, em nível mundial. Aliás, não só o assunto violência está adstrito a fatores concebidos pela volubilidade em que se manifesta a distribuição de renda no país. A própria favela se revela como um efeito da distonia praticada pela acumulação de capital, além da resistência dos setores público e privado em produzir moradias populares no compasso em que cresce a demanda populacional.

Viver em favela, por si, já manifesta a concretude de uma grande violência, eis que significa substancial desrespeito a direitos que demandam respaldo institucional, como lembra Luis Roberto Cardoso de Oliveira (2002). A violência está atrelada ao insulto moral que surge como uma agressão à dignidade da pessoa, uma negação de uma obrigação moral. A noção de dignidade se insere na visão coletiva derivativa de igualdade, própria de regimes democráticos, e, por conseguinte, oriunda da cidadania, aspecto indissociável do Estado Democrático de Direito, como bem descreve Taylor, ao afirmar que com "a passagem da honra à dignidade, veio uma política de universalismo que enfatizou a igual dignidade de todos os cidadãos, política cujo conteúdo tem sido a equalização de direitos e privilégios" (2000:250).

Dessa forma, a dignidade é elemento essencial e caracterizador de expressões de reconhecimento, como reconhecer um cidadão inserido no acesso a direitos universalmente. Sua negação pode ser vivida como um insulto e percebido como tal por terceiros (Cardoso de Oliveira, 2002).

O fato de não se sentirem inseridos – os favelados – dentro da política de universalismo apontada por Taylor, e, portanto, negados seus direitos, como moradia, saúde, educação e segurança pública, de modo idêntico ao que é oferecido a certa parcela da população, há clara caracterização da violência perpetrada cotidianamente a essas pessoas.

Não é foco do presente trabalho esmiuçar em detalhes as complexidades que envolvem a questão da violência e sua relação com a sociedade, a favela e o Estado. Entretanto, a título de composição textual, se depreende necessária certa contextualização do assunto, como demonstração da reincidência discursal em tratar as favelas como apêndices da cidade, refutando-lhes a apreciação de direitos universais.

Nesse sentido, Michel Misse (2006) adverte que a associação do tráfico de drogas às favelas fomenta a manutenção da categorização dos favelados como classe perigosa, suspeitos em potencial, que podem ter seus direitos civis violados em nome da segurança pública. As drogas passaram a ser, além de mercadorias econômicas, mercadorias políticas, que fazem parte da relação existente entre os traficantes situados em favelas e os agentes do Estado, na medida em que a polícia, por exemplo, dispõe de proteção aos traficantes. Um negócio lucrativo para todos os sujeitos envolvidos e que, nesse âmbito, faz com que a favela passe a exercer função de mercado fundamental nos arranjos transacionais de que participam vários atores públicos e privados.[44]

A desuniformidade no tratamento entre classes, refletida na ordem urbana, suscita e estimula a hostilidade entre elas, fazendo com que se tornem inimigas em potencial. Essas oposições acabam por gerar, não raro, verdadeiros embates, em que o agente público surge para "apaziguar" o conflito, não sendo percebido que, antes de tudo, ele (o Estado) se compõe de principal suscitador das controvérsias urbanas existentes. Dessa maneira, o poder público, por tratar desigualmente os favelados, estimula tais oposições, alimentando as diferenças sociais, facilitando a compreensão que uma (classe) pode exigir mais do que a outra, que enquanto uma se vale de sua posição reivindicadora, a outra deve se contentar com sua posição de recebedora de favores. Essas nuanças fazem ainda surgir alguns agentes que se apropriam da interlocução entre asfalto e favela. Essas interlocuções acabam por perfazer apenas o gerenciamento dessas controvérsias e não resultam em operações administrativas que visem a solucioná-las efetivamente (Misse, 2006).

Tais oposições avivadas criam muros sociais que mantêm as diferenças. É fato que, enquanto a favela é considerada como um problema para parte da cidade, ela mesma se viabiliza como solução exequível a milhares de pessoas que não possuem meios próprios de acesso a moradias dignas em espaços urbanos regulares. Mesmo estando fora dos parâmetros institucionais oficiais, as favelas são muito mais do que simples local de moradia, consolidando várias outras funções que garantem a acessibilidade aos mercados de trabalho, bem como reduzem gastos com a habitação, construin-

---

[44] Michel Misse, em *Crime e violência no Brasil contemporâneo: estudos de sociologia do crime e da violência urbana*, trata do assunto em detalhes.

do feixes sociais e econômicos que organizam minimamente sua sobrevivência, que o Estado muitas vezes se refuta em fazê-lo.

O que se percebe por toda a trajetória histórica das habitações populares é que, enquanto não se considerar a favela como uma feição da própria cidade, não será possível vislumbrar qualquer solução de convívio entre essas duas realidades conexas e dependentes. Enquanto não houver uma simetria nas ações governamentais que perceba a cidade como um todo, em que a favela se revele como parte de problemas estruturais históricos, não só de crise habitacional, mas forçosamente de uma diluição da apreensão do conceito de uma cidadania uniforme dispensada a todos, não será factível pensar em soluções em recortes.

Cabe perceber que a longa trajetória da favela se compõe de duas concepções de resistência. A primeira se baseia na conservação das esferas de poder em resistir a reconhecer a possibilidade de acesso a direitos isonomicamente. Diga-se direitos pela ótica adstrita de obrigação inarredável de um Estado republicano que deve conceber a igualdade como princípio motriz de sua estrutura normativa, ainda que valham as diferenças econômicas que inferem diferenças sociais, próprias da posição em que o sujeito figura no tecido social. Contudo, essas diferenças não podem refletir no modelo jurídico, que deve privilegiar a uniformidade de tratamento ao permitir que todos acessem os direitos disponibilizados na textura da lei. Todavia, a história da cidadania brasileira comprova que, não raro, alguns direitos que garantem a cidadania foram remetidos a uma concepção de privilégios que apenas aqueles dotados de certo status poderiam gozar. É justamente nessa nuança que expropriaram a certos grupos sociais o acesso ao direito à moradia, de maneira especial ao direito de ter o reconhecimento legitimado de suas aquisições. O direito de propriedade se executou como um privilégio que poucos poderiam acessar, restando aos desafortunados, aos desprivilegiados a condução de movimentar-se por suas próprias execuções ao alcance de uma forma de morar.

Surge então a segunda concepção de resistência, que consiste na reação àquela concebida inicialmente. Na qualidade de inaptos à titularidade formal de direitos, os favelados reagem, autoincluindo-se em um espaço não destinado a eles, se inserem e se mantêm, apesar dos inúmeros esforços envidados durante décadas para invisibilizá-los.

Olhar para a trajetória de resistência das favelas no Rio de Janeiro em manter-se na cidade permite observar que, apesar da insistência governamental em não conceber os seus moradores como sujeitos políticos e interlocutores competentes, a despeito de suas próprias formas de morar e viver, eles consolidam um percurso de originalidade e insistência em fazer realizar seus direitos.

Conclui-se que a favela, ao estabelecer suas redes e arranjos, ressalta-se como um mecanismo reativo alternativo de interação social, que reconstrói o tecido social partido, ainda que desconsiderado pelo direito formal, firmando-se como instrumento eficaz no atendimento dos interesses e necessidades de pessoas, transformando o ilegal em uma realidade que se sobrepõe, organizando e articulando a vida comum.

Enfim, percebe-se que os dilemas produzidos na atualidade são tão pretéritos quanto a própria favela, ou mesmo antes dela, como ocorreu com os cortiços. Eles sempre estiveram presentes, replicando-se e atualizando-se, assumindo novas feições, mas partindo do mesmo princípio de marginalização social imposta aos desprovidos de condições econômicas, impossibilitados que são de ajustar-se aos modelos urbanos desconexos da realidade social.

Se de um lado a favela é um problema, também é, por outro, uma solução. Se o dilema se configura por essa dualidade de concepção, ela é, contudo, uma realidade irrefutável da cidade e aponta para o fato de que esta deve ser repensada por critérios concernentes à sua integralidade e não por critérios particularizados ou desmembrados.

IV
O MODO DE VIDA E REPRODUÇÃO SOCIAL NA FAVELA DE RIO DAS PEDRAS

O objetivo deste capítulo se concentra na possibilidade de explicitar como se expressa o direito de moradia em Rio das Pedras através da descrição do modo de viver de seus moradores.

Minha apresentação em Rio das Pedras se deu por intermédio de uma moradora, que foi minha aluna na disciplina Direitos Reais, lecionada na graduação em Direito, do Centro Universitário da Cidade, em 2007. Ela percebeu, em sala de aula, meu interesse por questões que envolviam ocupações irregulares e principalmente a forma habitacional denominada "direito de laje", por parecer um direito que está fora do Direito, mas absolutamente contextualizado na vida dos moradores de algumas favelas cariocas. Essa aluna era uma espécie de líder local de Rio das Pedras, e facilitou minha entrada no universo complexo da favela.

Ela havia morado nas favelas do Vidigal e da Rocinha, onde sua rotina era constantemente alterada por incursões policiais e tiroteios. Contou-me que, cansada de negociar com traficantes a manutenção de seu trabalho como gerente de um supermercado e de exercer seu direito de ir e vir, decidiu "morar em um lugar tranquilo, onde pudesse trabalhar e criar os filhos com mais paz e sossego". Foi então que fixou moradia em Rio das Pedras. Depois de ter três filhos, decidiu cursar Direito, "para ser alguém de verdade e dar um futuro melhor a eles". Como não dispunha de condições financeiras para pagar uma faculdade, resolveu estudar por conta própria e tentar o Enem. Para sua surpresa, conseguiu pontos suficientes para ter 100% de bolsa em uma faculdade em bairro próximo a sua casa.

Seu grande conhecimento na favela se dava pela sua atuação como "despachante" junto à administração do INSS, viabilizando a aposentadoria de vários moradores. De acordo com seus cálculos, já "tinha aposentado" mais de 300 pessoas, todos moradores de Rio das Pedras. Além disso, elaborava contratos e assessorava vários tipos de transações imobiliárias. Muitas pessoas a chamavam de doutora; era uma espécie de rábula,[45] diria eu, no contexto da favela, o que contribuía para lhe angariar farto conhecimento e prestígio local. Isso, indubitavelmente, viabilizou a minha inserção local, posto que estava sendo apresentada por alguém da "confiança" dos moradores e, portanto, com a chancela

---

[45] Rábula ou provisionado, no Brasil, era o advogado que, não possuindo formação acadêmica em Direito (bacharelado), obtinha a autorização do órgão competente do Poder Judiciário (no período imperial), ou da entidade de classe (Instituto dos Advogados), para exercer a profissão. Essa situação de formação "prática" não ocorria apenas com a advocacia: dentistas práticos, médicos, engenheiros e toda sorte de profissionais tinha sua cota de praticantes, uns até mesmo incentivados e tolerados em face da quase absoluta falta de profissionais formados. No caso da advocacia, com o início da regulamentação profissional, após a Independência e com a fundação do Instituto dos Advogados (IAB), foi iniciada reivindicação pela regulamentação profissional do advogado. Assim, era expedida, a pedido do pretendente, uma provisão que tornava habilitado o rábula a pleitear em juízo. O sistema foi recepcionado pela OAB, quando de sua criação no ano de 1930, vigendo até a extinção do sistema, nas décadas de 1960-1970, quando a advocacia passou a ser prerrogativa exclusiva dos bacharéis em Direito.

pessoal de quem detinha valor local, o que foi imprescindível para a realização da pesquisa.

Com o tempo, nosso relacionamento foi adquirindo novos contornos. A relação, que antes era baseada no contato professor/aluno, foi assumindo um sentido mais próximo, revelado em nossas inúmeras conversas e trocas de ideias. Sem dúvida, foi através de discussões com ela que percebi com mais profundidade algumas questões então confusas para mim. A sua colaboração no decorrer do trabalho foi de vital importância; ela sempre me procurava quando surgia algo que considerasse importante na pesquisa. Sua disposição e generosidade em partilhar seus conhecimentos viabilizaram consideravelmente a exequibilidade da pesquisa. Atualmente, a minha colaboradora está formada e exerce amplamente a advocacia em Rio das Pedras.

A primeira vez que fui a Rio das Pedras foi no dia 03/11/2007, acompanhada pela referida aluna e por um funcionário de uma distribuidora clandestina de pontos de TV a cabo, conhecida como "gatonet". A disponibilidade deles era para me proporcionar uma visão geral da favela, conduzindo-me por várias ruas e vielas locais, sendo já possível iniciar alguma proximidade com os habitantes, além de estabelecer meu primeiro contato com a Associação de Moradores, que não só representa a favela junto aos poderes público e privado, bem como estabelece regras internas no convívio da mesma, como será visto adiante.

Para tanto, precisava viabilizar meu primeiro contato com o presidente daquela entidade, pois sabia que minha presença na favela dependia da concordância dele. Compreendi que se não fosse bem inserida localmente, minha pesquisa seria inviabilizada. Foi oportuno, portanto, estabelecer um contato inicial com figuras que detinham certo prestígio na hierarquia de Rio das Pedras. Meus apresentadores possuíam respeito local e concederam o apoio inicial ao meu projeto. O que tinha mais alto status local, o presidente da Associação de Moradores, não se dispôs a ser um interlocutor importante, mas os moradores sabiam que ele aceitara o meu trabalho e a minha presença na favela. E essa aceitação facilitou muitos outros contatos relevantes para a pesquisa.

O referido presidente não morava em Rio das Pedras. Era morador da favela da Tijuquinha, também localizada na Estrada de Jacarepaguá, via que corta várias favelas da Barra da Tijuca, entre elas, Rio das Pedras. Atuava em movimentos de favelas há mais de 20 anos, segundo seu relato. Era uma pessoa muito bem articulada e discreta. Com o tempo, percebi que tinha um efetivo interesse em proporcionar uma vida melhor aos moradores. Não tinha uma atuação política partidária ostensiva, assim como não se envolvia diretamente com a milícia local,[46] apesar de depender dela para tomar várias decisões. Sempre esteve pronto a atender minhas raras solicitações. Em contrapartida, eu também me dispunha a tirar suas dúvidas jurídicas em questões que envolviam demandas dos moradores ou conflitos locais, quando ele as trazia para mim. Nessas situações, proporcionou-me alguns *insights* importantes sobre aspectos da vida na favela.

Um dos primeiros casos em que solicitou meus conhecimentos jurídicos me chamou a atenção para a maneira como o formal e o

---

[46] Milícias são grupos organizados geralmente por policiais civis e militares, bombeiros e outros moradores de conjuntos habitacionais e favelas. Exercem a segurança local com austeridade, impedindo, inclusive, a entrada do tráfico de drogas nesses conglomerados urbanos. São mantidas com recursos provenientes de cobrança de "tributos" feita aos comerciantes locais, bem como com a exploração de práticas comerciais, legais ou não, como transporte alternativo, distribuição clandestina de pontos de TV a cabo, comercialização de botijão de gás de cozinha, entre outras.

informal se ajustavam em Rio das Pedras. Uma senhora morreu e deixou quatro filhos. Era "proprietária" de um pequeno prédio na favela. Quando seus herdeiros foram vendê-lo, para que fosse feita a partilha dos bens, dirigiram-se à sede da Associação para realizar a transferência. Tiveram então a desagradável notícia de que seu pai, morto antes da mãe, tinha sido casado no passado, e nunca havia declarado a união estável existente entre ele (pai) e a falecida (mãe) no registro de "propriedade" feito na Associação. Ao contrário, declarou que era casado com outra mulher. O resultado desse imbróglio foi a negativa da Associação em reconhecer qualquer direito dos filhos da segunda união em relação ao imóvel. Até porque a viúva legal também morava na favela e tinha dois outros filhos com o morto. Achei intrigante aquela situação, pois na medida em que descrevia as regras sucessórias do direito posto, o presidente fazia suas adaptações, buscando uma solução para o caso. Nessa ocasião, eu recebia minhas primeiras aulas sobre a separação entre o mundo da vida e o mundo do direito.

A instituição de ensino em que eu era professora utilizava as dependências da Associação para um curso superior de Pedagogia destinado aos moradores da favela. Então, a Associação solicitou minha ajuda junto à instituição para que se implantasse, também nas dependências da sede, um centro de atendimento visando à orientação jurídica aos moradores quanto a direitos civis e trabalhistas, bem como colaborasse na mediação de alguns conflitos, pois a Associação de Moradores, por exercer uma função de administradora local de conflitos, trata diversas contendas que ocorrem na favela, desde questões de moradias até familiares, entre muitas outras. Os moradores, antes de procurar o Judiciário (quando procuram), tentam resolver suas questões na sede da Associação de Moradores.

Sala do Núcleo de atendimento jurídico mantido pelo Centro Universitário da Cidade (UniverCidade) em Rio das Pedras

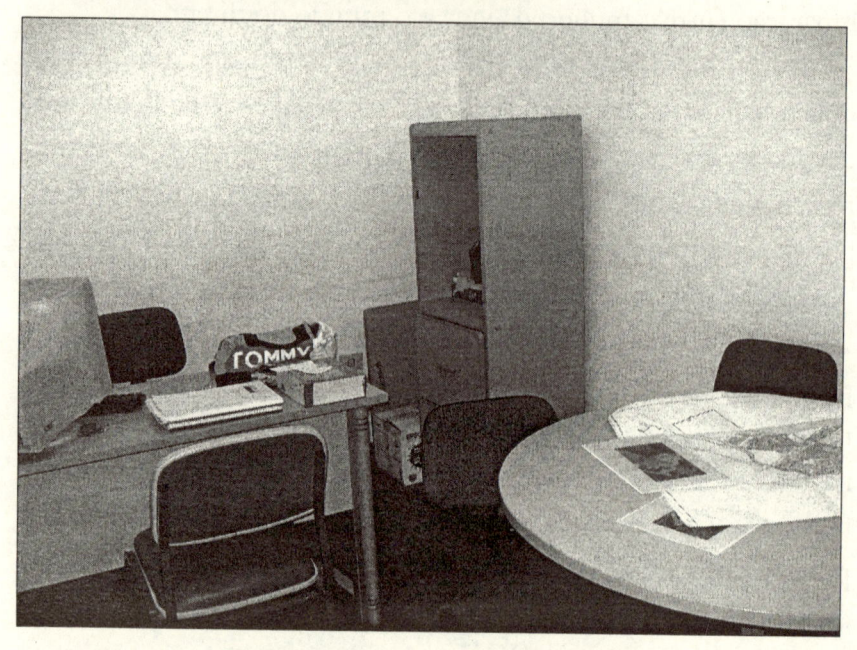

A reivindicação foi atendida. A implantação do centro de atendimento me auxiliou na construção de diversas informações relevantes para o meu trabalho, na medida em que tinha acesso, como observadora, a diversos casos que chegavam à Associação com questões que envolviam o "direito de laje" e eram conduzidos ao centro de atendimento. A importância da localização do centro nas dependências do prédio da Associação me aproximava das pessoas que lá trabalhavam como funcionários formais ou informais, o que possibilitava acesso a documentos e informações que revelavam como ocorria a organização e a estruturação do mercado imobiliário existente em Rio das Pedras. Contudo, apesar de estar ligada ao centro pelo vínculo institucional na qualidade de professora, fazia questão de expressar, sempre que possível, que minha presença ali se justificava pela pesquisa que queria desenvolver e que não havia, de minha parte, qualquer interesse em intervir. Minha intenção era realmente interagir, exercendo uma observação, a mais natural possível, com o grupo estudado, a ponto de sentir-me aceita, mesmo sendo uma pessoa de fora. Mesmo assim, foi necessário algum tempo para que as experiências de outros pesquisadores de campo ficassem claras para mim e, principalmente, o modo como exerceria meu contato com as pessoas, sem melindrá-las ou afastá-las. Naturalmente, tive afeição por algumas pessoas e aversão e cuidado com outras.

Também compreendi que, se me filiasse ao centro de atendimento, teria uma visão limitada da favela. Assim, dei preferência por circular pela favela ou ir ao encontro de algum morador que se dispusesse a me conceder uma entrevista, ou mesmo para uma conversação informal, independentemente do local. Essas conversações e entrevistas ocorriam de diversas maneiras, como em uma birosca, na calçada da rua ou mesmo na residência de algum interlocutor, o que, especialmente, me trouxe uma experiência inusitada.

Não raro me era oferecida alguma coisa para beber ou comer no meio das conversas, demonstrando agrado e generosidade por parte dos que me recebiam. Contudo, por razões decorrentes da minha natureza pessoal, tenho certa hesitação em me alimentar fora da minha casa, principalmente quando não tenho certeza da higiene com o preparo dos alimentos. Assim, no início, sempre agradecia, mas me negava a beber ou a comer o que me era oferecido. Pude notar que minha negativa era recebida com alguma desconfiança e que o clima ficava menos amistoso. Na realidade, eu estava sendo muito indelicada com meus interlocutores; havia, de minha parte, uma dose considerável de preconceito em não aceitar os alimentos ou bebidas oferecidos de modo cortês.[47]

À medida que fui tomando consciência desses meus preconceitos, minha postura, consequentemente, foi sendo alterada, permitindo-me interagir efetivamente com aquelas pessoas, o que revelou uma melhor e maior atuação no desenvolvimento da pesquisa, pois, ao me alimentar com eles, me tornava mais próxima, mais familiar. O sentar-se à mesa, dividir alimentos ou tomar um simples café representava para aquelas pessoas e, com o tempo, também para mim, um processo de trocas mútuas, de experiências de nossas vidas. As informações advindas eram consequências inevitáveis de maior intimidade, o que fazia com que eu não fosse mais uma estranha, mas alguém do convívio deles, uma pessoa conhecida de meus interlocutores.

---

[47] Letícia Freire (2010) chama a atenção para a possibilidade de resistência, ou mesmo um olhar preconceituoso que o investigador pode ter com a localidade como objeto de investigação.

Nesses momentos, percebia que o "tom" da conversa poderia ser responsável pelo conteúdo divulgado nas entrevistas. Se o pesquisador se posicionar rigidamente em "saber" de suas fontes o que lhe interessa diretamente, correrá o risco de o informante dar a conhecer apenas aquilo que é interessante para ele (entrevistador). Isso pode significar a possibilidade de manipulação dos dados, pois, nesse caso, a entrevista será dirigida e as informações dadas podem não revelar os fatos, mas aquilo que o entrevistado entende que o pesquisador deve ou quer saber.

Essa e outras questões, com o passar do tempo, se tornaram mais perceptíveis. Com a minha própria experiência, naquele campo específico, fui descobrindo como deveria me posicionar em relação àqueles atores sociais. Muito pouco do meu conhecimento de campo anterior foi aproveitado, ficando claro que cada um deles parece ser único. Em decorrência dessas questões, precisei despender um prazo maior do que o esperado (27 meses) na realização da pesquisa; foi preciso tempo para minha adaptação em universo tão diferente e desconhecido.

Porém, algumas de minhas pré-concepções sobre as favelas logo se revelaram equivocadas assim que me aproximei dos moradores de Rio das Pedras. Os moradores da Barra da Tijuca, bairro onde resido, parecem imaginar que Rio das Pedras é uma favela diferente, quase um folclore em relação às demais, "uma espécie de caso feliz de organização comunitária" (Burgos, 2008).[48] Significa dizer que Rio das Pedras simboliza, para os moradores das regiões limítrofes, uma região favelada com status mais depurado entre as favelas do Rio de Janeiro, sendo vista

---

[48] http://www.comunidadesegura.org/pt-br/MATERIA-Cidadania-favela-e-milicia-as-licoes-de-rio-das-pedras.

como um bairro empobrecido, contudo, sem tráfico de drogas e violência, devido à forte atuação do poder local em reprimi-los. Também era assim que eu imaginava essa comunidade: um lugar com pouca estrutura, mas onde a pobreza, ou a miséria, não havia se estabelecido consistentemente. De longe, me parecia haver certa uniformidade na arquitetura e na estruturação habitacional. Era assim que avistava Rio das Pedras do apartamento em que morava, na Barra da Tijuca. Ledo engano. Eu só enxergava a ponta do iceberg, ou seja, só via parte dos prédios que compunham uma realidade que era invisível para mim.

Ao ser inserida em Rio das Pedras, pude constatar grandes bolsões de miséria. Andei por verdadeiros lamaçais, vi casebres de chão de terra batida e vielas com esgoto a céu aberto, pessoas desprovidas de estrutura básica para a própria sobrevivência. Em contrapartida, deparei com construções típicas de classe média, habitações com aparelhos e utensílios que fazem parte de residências de classes favorecidas economicamente, como TV, aparelhos de DVD, som, ar-condicionado e tantos outros, característicos de casas em regiões urbanizadas da cidade.

As fotos a seguir mostram as contradições abrigadas em Rio das Pedras.

Prédio no "bairro" de São Bartolomeu

Casebre no "bairro" de Areinha

Com o tempo, percebi que esse paradoxo entre conforto e pobreza é aparente, pois reafirma e ratifica a gravidade dos problemas habitacionais existentes na cidade, ou seja, que a grave crise histórica de acesso à moradia não atingiu só os menos favorecidos. Há segmentos menos privilegiados da classe média urbana que, assolada pelo aviltamento salarial que nos últimos tempos vem sendo imposto aos brasileiros, optam por morar em favelas, porque lhes permite acesso a um nível de consumo mais barato e possível de bens e serviços. Em áreas urbanizadas, o acesso à moradia e a tais bens é mais oneroso. Nota-se que existe, dessa forma, justificativas que se baseiam em razões de mercado, quando certas camadas mais atingidas pelo achatamento salarial optam por morar nas favelas.

Entre os entrevistados, observei que 18 pessoas, de maneira especial, relataram que a opção por morar em Rio das Pedras decorreu, dentre tantos motivos secundários, de um critério específico de custo-benefício, como desfrutar do consumo de bens e serviços que não poderiam alcançar se morassem em áreas urbanizadas. Isso exprime a concepção de que essa alternativa não significa sempre uma falta de opção, mas poderá tornar-se, pelos atrativos que as favelas possuem e que agradam à população de baixa renda, como acesso a serviços de internet, TV a cabo, energia, água, a custo mais baixos que no mercado formal, além de proximidade de comércio, escolas e principalmente segurança.

Conheci uma senhora, funcionária pública aposentada, moradora há mais de cinco anos em Rio das Pedras, que recebia cerca de R$ 3.000,00 de proventos da aposentadoria. Seu apartamento – próprio – era localizado em uma área considerada nobre da favela. Tinha dois quartos, sala, banheiro, copa-cozinha e área de serviço. Havia no apartamento toda sorte de bens típicos da classe média, o que incluía TV de LCD. Também era proprietária de um carro popular, "mas todo completo", segundo ela, o que significava ter ar-condicionado e direção hidráulica. Ao ser indagada sobre o motivo que a levou a morar em Rio das Pedras, disse-me que "em nenhum lugar poderia ter o que tinha ali"; que o dinheiro recebido quando se aposentou foi utilizado para realizar seu sonho de ter uma casa própria, pois sempre pagou aluguel. Necessitava criar os filhos e não possuía meios de pagar prestação da casa própria, muito menos juntar dinheiro. Antes morava no bairro de Cascadura, no subúrbio carioca. Sua casa foi assaltada duas vezes. Ficou viúva, "seus filhos seguiram a vida" e, ao se aposentar, uma amiga de muitos anos, também aposentada do serviço público e moradora da favela, disse que tinha "um conhecido que queria vender um ótimo apartamento, em Rio das Pedras, que ele próprio havia construído e que era em um prédio familiar, onde todos se conheciam".

Aspectos como o descrito pela moradora, e tantos outros, só foram sendo por mim percebidos à medida que comecei a observar atentamente as situações importantes e particulares da estrutura socioespacial, em especial a organização das moradias verticais lá instaladas, os conflitos daí resultantes, o modo como eram localmente administrados, suas configurações não estatais e como tal administração era reconhecida ou legitimada entre os moradores da favela, temas que passaram a figurar na problemática de minha pesquisa.

A minha proximidade com a Associação mostrou-se instrumentalizadora, um lugar privilegiado para a pesquisa, principalmente pelo fato de que ali pude presenciar vários casos que envolviam conflitos sobre "direito de laje" relacionados à compra e venda, locação, incorporação, ao direito de vizinhança, direito sucessório e à partilha resultante de separação, contabilizando 78 casos no total. Além disso, tive facilidade de perceber outros dados e informações que contribuíram para formar uma melhor compreensão da favela Rio das Pedras, pois, quando era possível, indagava as pessoas que procuravam a Associação sobre suas origens, de modo a identificar de qual região do país tinham vindo, além dos motivos que as tinham feito escolher Rio das Pedras como local de suas moradias.

Outro fator importante era socializar-me com o contexto espacial que envolvia a favela, que consistia no conhecimento de cada região (ou "bairros", na linguagem local), sob a ótica dos próprios moradores. O objetivo desse conhecimento baseava-se na necessidade de compreender a exata localização do imóvel objeto de negociação ou litígio e seus aspectos mercadológicos, como a alternância dos preços praticados em cada caso. Obviamente que a identificação dessas áreas revelaria outros aspectos relevantes não só ligados à estrutura mercadológica da favela. Cabe ressaltar que delimitei minha temática, sempre voltada para a feição do mercado de laje e o acesso ao direito de moradia, que permitem perceber já inicialmente a apropriação dos modelos executados no mercado imobiliário formal no contexto da favela em questão. Aliás, serão perceptíveis não somente a apropriação de práticas mercadológicas, mas também práticas jurídicas, que são adaptadas e ajustadas às realidades locais e que fomentam a organização da favela, como forma de concretizar a legitimação das aquisições de moradias realizadas. Tais adaptações de modelos comerciais e jurídicos existentes e consagrados nos mercados oficiais, como será visto, são decorrentes de processos imitativos utilizados como forma de sentir-se em relação social semelhantemente àqueles que estão dentro de outra esfera social, desejada pelos favelados, porque possuem acesso a direitos que eles gostariam de desfrutar.

Compreende-se o caráter da imitação na perspectiva de ato social elementar que promove uma resposta a um desejo concreto de organização e inserção em um tecido social maior. Aliás, será justamente pela busca do desejo e de necessidades dos moradores que será possível perceber as características específicas investigadas. Essa perspectiva, aliada ao trabalho de campo, contribuiu para compreender a visão de vida dos favelados.

A ideia de processos imitativos se encontra nas diretrizes teóricas elaboradas por Gabriel Tarde em *As leis da imitação* (2000), em que apresenta a sociologia a partir da concepção do pluralismo da dinâmica das relações, observando que a imitação é característica presente no fato social. Ainda que, para o autor, o inventivo individual tenha sido o propulsor da evolução social, por outro lado, a sociedade não aparece senão graças à imitação, sendo fator inicial e decisivo da vida em sociedade entre os indivíduos, não exclusivo, contudo.

Segundo Tarde,[49] o desejo de viver em conjunto faz com que os homens venham a pensar e a agir do mesmo modo. Assim, a imitação parte de um modelo que seria um ato social elementar – a invenção, que seria causa de imitações posteriores – advindo como resposta a um problema (Tarde, 2000:68). Por essas razões, o laço social se estreita à medida que os outros laços comuns se juntam ao modelo de referência, todos de origem imitativa, fazendo, por conseguinte, com que o grupo social se defina como uma coleção de seres enquanto estão em vias de se imitar entre si,

---

[49] Apesar de ter sido combatido por Durkheim por ter privilegiado a abordagem individual do fato social, Tarde pode ser inegavelmente considerado um clássico da Sociologia. As críticas de Durkheim apagaram as contribuições de Tarde por muito tempo. Mas sempre é tempo para retomar suas ideias como fonte de imaginação socioantropológica.

assemelhando-se, e seus traços comuns são cópias antigas de um mesmo modelo (2000:92-93). Tal processo imitativo, ainda que não se faça sem resistência, operacionalizará a adaptação social, ou seja, a vida em sociedade, o liame social. A imitação, portanto, propaga-se em ondas concêntricas em torno do modelo. Esta seria a explicação da existência da repetição dos fatos e da própria emergência das instituições (Tomasini, 2002). Dessa maneira, o modelo de imitação opera do "superior" ao "inferior", de uma classe social reconhecida como superior que servirá de modelo às inferiores. Então, ao imitar uma classe, os indivíduos de outra classe se unem uns aos outros porque partem de uma mesma referência sobre o estilo da vida.[50]

Nas práticas comerciais e jurídicas encontradas em Rio das Pedras é possível perceber justamente as adaptações e imitações de referências praticadas em espaços urbanos formais, isto é, encontradas não só nas espécies contratuais que articulam a circulação de riquezas no interior da favela, mas em vários arranjos sociais que permeiam a vida cotidiana de seus moradores.

Esses processos de adaptação favorecem a legitimação interna dessas articulações, estendendo ainda a compreensão de sentimento de normalização extrafavela. Ou seja, os processos imitativos de modelos formais não só operacionalizam a organização social interna da favela, mas estreitam os laços de reconhecimento como parte de uma realidade que ultrapassa as fronteiras da mesma, assemelhando-se àqueles que praticam o modelo de referência, razão

---

[50] Sem pretensão de fazer incursões por autores clássicos do século XIX, indico Fromm, Erich. *Conceito marxista de homem*. Rio de Janeiro: Zahar Editores, 1979, (tradução de Otávio Alves Velho), pp. 50-61, que trata de "alienação" em K. Marx. Também em *O 18 Brumário e Cartas a Kugelmann*, Marx exemplifica os conceitos de alienação, de classe em si e de classe para si.

pela qual suas práticas são igualmente legitimadas por se inserirem em uma dinâmica de interação em uma rede social maior que apenas o universo da favela.

O próprio "direito de laje", aqui utilizado como uma das maneiras particulares de articular o mercado imobiliário local existente, se estrutura na adaptação de um modelo conhecido como condomínio edifício, que consiste no conjunto de edificações caracterizado pela existência de partes exclusivas e partes comuns erguidas verticalmente sobre um terreno. É cediço que os edifícios surgem na realidade urbana como instrumento de aproveitamento do solo, não só pela sua escassez, mas também pela sua valorização, impondo, assim, a expansão em altura, muito semelhante ao que ocorreu com o "direito de laje" executado em algumas favelas, como se dá em Rio das Pedras.

Outro dado teórico relevante a ser considerado é a concepção comum de que o Direito deva possuir respostas para todas as relações sociais e, assim, quaisquer situações não absorvidas ppor ele, posto que deva ser desconsiderada como uma relação a ser tutelada pelo Estado. Essa concepção de que o Direito possui uma vocação para estar em toda parte e, portanto, abarcar "todo universo habitável" é criticada por Jean Carbonnier, pois "o direito é menor que o conjunto das relações entre os homens". Afirma o autor que é factível reconhecer a hipótese de um "não direito", consubstanciada no reconhecimento de que o Direito não consegue alcançar todas as relações humanas (2001). Assim, é possibilitado, pela ótica da juridicidade, aproximar o fato do Direito, em uma perspectiva de direito flexível.

Cabe ainda a referência à obra de Boaventura Santos, em que foi elaborada uma análise sociológica das estruturas jurídicas internas de Pasárgada, nome fictício dado a uma favela carioca, em cujo espaço o autor observou a existência de duas ordens jurídicas: o direito oficial brasileiro e um direito "não oficial", que surgiu a partir de regras de conduta estipuladas e seguidas, de forma tácita ou explícita, pelos seus habitantes. Dessa análise ressaltou um "direito paralelo não oficial, cobrindo uma interação jurídica muito intensa, à margem do sistema jurídico estatal – o direito do asfalto, como o chamam os moradores das favelas, por ser o direito que vigora apenas nas zonas urbanizadas e, portanto, com pavimentos asfaltados" (Santos, 1988:14). Surge um direito delimitado nas fronteiras territoriais da favela, possibilitando reconhecer que, em que pese a ilegalidade das ocupações segundo o direito posto, dentro do contexto da favela tornam-se propriedades efetivas de seus donos, e a propriedade privada que se estabelece merece o mesmo destaque de valoração que ocorre no direito oficial vigente.[51]

Ainda dentro do contexto da problemática explorada nesta tese, ajustam-se as reflexões de Lenin Pires (2010) quanto às relações entre a formalidade e a informalidade ocorridas em mercados informais, ao esclarecer que o sentido entre esses dois termos possui correlação com a maneira de pensar a cidadania exercida pelos atores sociais que a praticam. Para tanto, parte de um "pressuposto básico da antropologia, no qual a economia não se restringe apenas à administração otimizada de recursos, mas é reflexo das interações humanas focadas nas doações observadas e suas devidas contraprestações" (2010:49). As reflexões trazidas pelo autor elaboram uma construção de sentidos, em meio às trocas materiais e simbólicas, que se constitui em moralidades alternativas comparti-

---

[51] Cabe lembrar que a categoria informal é criticada por Boaventura, haja vista que, segundo o autor, não faria sentido considerar formas jurídicas não estatais de não oficiais, na medida em se constituem oficialidades próprias (SANTOS, 1996:261).

lhadas por indivíduos em processos dinâmicos, e, nesse aspecto, "a moral enquanto estatuto dos significados compartilhados por um grupo pode expressar um plano de estratificação dos sentimentos". Tais perspectivas contribuem para a viabilização das estratégias dos atores em se estabelecer nos mercados urbanos (2010:50).

Nessa dimensão, as reproduções executadas em mercados informais, como ocorre em Rio das Pedras, seriam uma forma de externar um sentido de identidade nas dimensões internas da favela, que não só visam à administração e ao gerenciamento de recursos, mas sobretudo articulam interações humanas e que podem trazer um sentido de pertencimento coletivo.

Associo, portanto, tais contribuições como referências essenciais para as reflexões exercidas e as perspectivas adotadas neste trabalho.

O ESPAÇO FÍSICO EM RIO DAS PEDRAS E SUA OCUPAÇÃO

Para melhor compreender as descrições do espaço físico de Rio das Pedras, bem como explicitar sua ocupação, deparei-me com a necessidade de ter um mapa em mãos, de preferência que estivesse disponibilizado pela Associação de Moradores. O único que a entidade possui encontra-se na parede de uma de suas salas, em grandes proporções de tamanho, o que inviabilizaria copiá-lo. Segundo orientação do seu presidente, fui informada que encontraria um mapa na Cedae (Companhia Estadual de Águas e Esgotos), que estava naquele momento desenvolvendo um trabalho de saneamento básico em parte da favela.

Para minha surpresa, o mapa utilizado pela Cedae encontra-se totalmente desatualizado, ou seja, não condiz com a real ocupação do solo em Rio das Pedras. Perguntei ao responsável como seria possível trabalhar com informações tão desencontradas, tendo ele respondido: "É o que temos, a gente vai adaptando no que pode."

Percebi, dessa forma, a prática reiterada de descuido público no trato com as favelas, principalmente em se tratando de uma concessionária de serviço público essencial para as necessidades básicas dos cidadãos favelados.

Na página seguinte, encontram-se os mapas que a Cedae utiliza para executar seus serviços e o atualizado pelo Google Maps,[52] por foto de satélite. Cumpre salientar que, em poucas horas, consegui a montagem do mapa disponibilizado pelo Google, concernente com a realidade, possibilitando a identificação dos principais "bairros" da favela, contribuindo para que o leitor tenha uma melhor compreensão de como Rio das Pedras encontra-se atualmente ocupado e suas reais dimensões territoriais.

---

[52] *Google Maps* é um serviço da web gratuito de pesquisa e visualização de mapas e imagens de satélite da Terra, fornecido e desenvolvido pela empresa estadunidense Google.

Mapa da área de Rio das Pedras pelo Google Maps

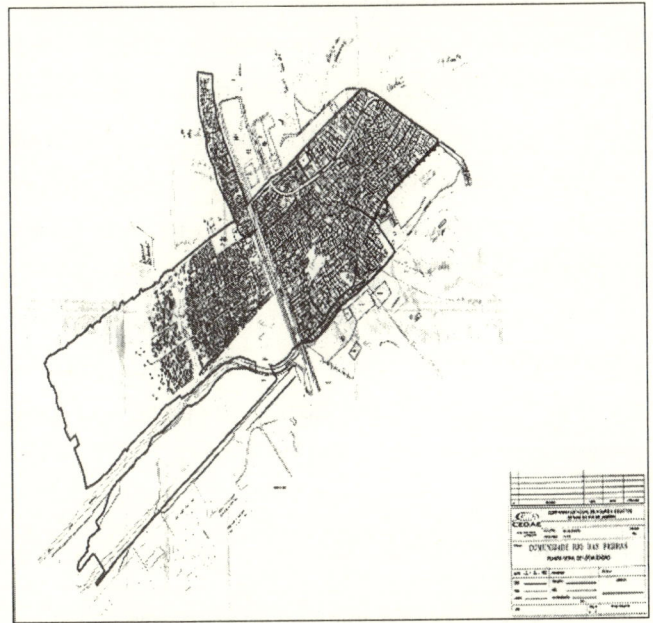

Mapa da mesma área utilizado pela Cedae

Rio das Pedras localiza-se entre os bairros de Jacarepaguá e Barra da Tijuca. Com acesso pelas estradas de Jacarepaguá e Engenheiro Souza Filho, a área é próxima aos bairros de Gardênia Azul, Jardim Clarice, Bosque dos Esquilos e da própria Barra da Tijuca. Possui limitação com as margens da Lagoa da Tijuca, tendo como principais marcos geográficos, além da referida lagoa, a Pedra da Panela, ao norte; o Morro dos Pinheiros, a nordeste; o Morro da Marimbeira, a oeste; e o Morro da Muzema, a sudeste (Cardoso e Araújo, 2006).

Rio das Pedras usufrui uma vasta área plana e uma paisagem de brejos que circunda toda a parte baixa da favela próxima à Lagoa da Tijuca, delimitada como área de proteção ambiental, comumente assoreada com lançamento de aterros para edificar novas construções irregulares. Segundo fontes da prefeitura, possui uma área de aproximadamente 610.587m².[53] A população, de acordo com dados oficiais, aproxima-se de 40 mil moradores.[54] Todavia, através de uma fonte informal, um funcionário da denominada "gatonet", pode-se contabilizar 80 mil moradores, pois a "empresa" que distribui pontos de transmissão possui aproximadamente 30 mil pontos cadastrados (residências), considerando os adimplentes, e 10 mil pontos, considerando os inadimplentes. Levando em conta que cada habitação possui em média três moradores, chega-se ao número sugerido pelo meu interlocutor.

Seus habitantes, em sua maioria, são nordestinos. Dos 337 entrevistados, 209 são oriundos de alguma parte do Nordeste brasileiro, principalmente Ceará e Paraíba, o que já foi registrado por

---

[53] Fonte: Rede Habitat – Estudo de Caso –, coordenada pelo Observatório Ippur/UFRJ-Fase.
[54] O censo de 2000, do IPP, afirma que em Rio das Pedras a população concentrava, à época, em torno de 39.862 moradores.

Marcelo Burgos e outros autores na coletânea organizada sobre Rio das Pedras (Burgos, 2004).

Um dos meus entrevistados, que atua no ramo de transporte de móveis, observou que, toda vez que vai ao Nordeste (o que faz com certa regularidade, transportando móveis ou utensílios adquiridos no Rio de Janeiro e levados para parentes – "um filho que comprou uma televisão para a mãe ou uma máquina de lavar – ou levando os pertences de algum morador que não deu certo no Rio"), sempre retorna com seu caminhão trazendo bens de pessoas que estão de mudança para Rio das Pedras. "Nunca perde a viagem", segundo suas palavras. Aproveita para trazer produtos alimentícios típicos da região, que são vendidos na favela, "pois o paladar tem saudade da terrinha".

Outro fator destacável em Rio das Pedras é a construção de um ambiente de paz interna nos "bairros" da favela, o que colabora sensivelmente para que o lugar seja uma opção de moradia, tornando-se uma escolha para segmentos menos favorecidos da população que querem manter a família e criar os filhos em local seguro. Tudo isso contribui para incrementar o crescimento da favela Rio das Pedras.

Segundo os interlocutores, a escolha de Rio das Pedras para morar passa por alguns motivos. Contudo, a tranquilidade e a ausência do tráfico de drogas aparecem com bastante constância, demonstrando que a favela se consagra como um lugar seguro. Essa opção foi 140 vezes apontada entre os 337 entrevistados, seguido por "perto de tudo" (116 vezes), uma referência à proximidade do mercado de trabalho, principalmente referindo-se ao bairro da Barra da Tijuca.

Sua história está atrelada ao fim do ciclo econômico local, de produção açucareira, quando a Baixada de Jacarepaguá se encontrava entrecortada por várias fazendas. Até meados da década de 1960, o entorno da Pedra da Panela, de difícil acesso, apresentava uma modesta ocupação, o que incluía alguns barracos ao longo de Rio das Pedras, mais próximos à Estrada de Jacarepaguá. Foi justamente nessa área que se estabeleceu o núcleo inicial da favela, na margem direita do rio (Cardoso e Araújo, 2006), onde se instalou a primeira rua, denominada Rua Velha.[55]

Em entrevista concedida por um dos primeiros moradores, foi possível perceber que a gênese da favela se deu lentamente, com poucas ocupações, como demonstra o relato a seguir:

> Naquela área quase não tinha casa, eram poucas, bem poucas, com luz fraca, distribuída por "bicos" de gambiarras presas em postes de varas de bambus, se ouvia grilo e a roupa era lavada no rio. Aos poucos foram chegando outras pessoas. Durante muito tempo só tinha meia dúzia de gente morando. Ninguém queria morar aqui. Quando chovia, a lama subia no joelho. Hoje, nada lembra o início. Antes eu via a Barra da Tijuca da minha casa, hoje não enxergo nem a árvore do vizinho. Não sei mais o nome das pessoas; é um entra e sai danado, gente de todo lugar. Antes eu sabia o nome de todo mundo, de cada um e da família toda.

O crescimento da favela Rio das Pedras é considerado um dos maiores do município do Rio de Janeiro, conforme demonstra relatório de evolução da população de favelas na cidade do Rio de Janeiro do Instituto Pereira Passos (César, 2002:6):

> Entre os dois censos, o Rio ganhou 210 mil novos moradores em aglomerados subnormais. Desses, uma terça parte se instalou nas regiões da Barra da Tijuca e Jacarepaguá (que tem apenas

---
[55] Nesse sentido, ver BURGOS (2004).

12% da população total). O cadastro de favelas indica que se combinou ali o crescimento horizontal e vertical das favelas antigas (com destaque para o Rio das Pedras), com o surgimento de novas comunidades, especialmente à custa de áreas de preservação ambiental.

De acordo com os dados de 2002 do Instituto Pereira Passos,[56] o crescimento é quase dividido ao meio: para cada 100 novos moradores da parte urbanizada, surgiram 86 moradores de favela. Boa parte desse crescimento se deu, e se dá, pela forma vertical; portanto, decorre do "direito de laje".

O crescimento constatado sugere que Rio das Pedras avança de forma multidirecional; todos os seus "bairros" possuem nível significativo de aumento de suas proporções, principalmente pela via vertical. Seus "bairros" são considerados por aspectos locais, que ditam os valores econômicos e sociais na favela. Dessa forma, com o intuito de melhor compreender essas nuanças, serão descritas as principais áreas habitacionais de Rio das Pedras, utilizando-se a linguagem local, que pode variar da nomeação oficial.

A única praça existente na favela que não foi invadida por construções fica na Rua Nova, onde se encontra a sede da Associação dos Moradores, local de considerável concentração comercial. É o centro da favela, local com grande circulação de pessoas. É onde ocorrem os shows gratuitos, comícios e feiras. Há também uma quadra de esportes, administrada pela Associação de Moradores.

---

[56] O Instituto Pereira Passos (IPP) é uma autarquia vinculada à Secretaria Municipal de Desenvolvimento do município do Rio de Janeiro. Entre suas atribuições destacam-se: elaboração, planejamento e coordenação das diretrizes estratégicas para o desenvolvimento econômico; implantação de projetos estratégicos da prefeitura da cidade do Rio de Janeiro; produção de informações estatísticas, geográficas e cartográficas da cidade.

Praça principal

Quadra de esportes – administração da Associação de Moradores

As poucas áreas de lazer encontradas em Rio das Pedras estão localizadas no "bairro" Pinheiro, além de um campo de futebol, próximo ao supermercado na entrada da favela, que, segundo um morador, "tem até campeonato".

O intenso comércio existente em Rio das Pedras conta com a presença de uma única agência bancária, além de três caixas 24 horas. De acordo com os moradores, os bancos não aceitam pagar as "contribuições" exigidas pela milícia, o que faz com que a agência lotérica assuma essa função.

O transporte coletivo é bem abastecido por diversas linhas de ônibus ou por cooperativas de vans e kombis (todas administradas pela milícia local).

As principais linhas de ônibus que circulam na favela são:

Empresa: Litoral Rio Transporte
Linha 702 – Rio das Pedras – Recreio
Linha 702A – Rio das Pedras – Alvorada
Empresa: Viação Redentor Ltda.
Linha 737 – Rio das Pedras – Curicica (via Cidade de Deus)
Linha 751 – Rio das Pedras – Barra da Tijuca (via Estrada de Jacarepaguá)
Linha 752 – Rio das Pedras – Barra da Tijuca (via Ayrton Senna)
Empresa: Futuro
Linha 737 – Rio das Pedras – Madureira (Circular)
Linha 750 – Gávea – Rio das Pedras (Circular)
Linha 750 – Praça XV – Rio das Pedras (Circular)

A favela conta com um posto de saúde da prefeitura (Luiz Gonzaga – Rei do Baião) situado na Rua Nova há sete anos, com funcionamento de segunda a sexta-feira, com especialidades na área de clínica médica, pediátrica, ginecologia (preventivo e pré-natal), vacinação e dentista. Os moradores reclamam muito da maneira como são atendidos:

> É tudo demorado, o médico nem olha pra gente direito; o dentista disse que, no caso da minha irmã, é melhor arrancar tudo e botar dentadura do que ficar vindo aqui toda hora; eles não querem trabalhar pra gente, parece que têm nojo, é melhor pagar particular.

Em janeiro de 2012 a prefeitura do Rio de Janeiro inaugurou a Clínica da Família "Otto Alves de Carvalho", que, a despeito de melhorar o atendimento médico de Rio das Pedras, não recebe todos os moradores, pois o atendimento encontra-se condicionado ao endereço do interessado e, portanto, nem todos os habitantes da favela podem desfrutar dos serviços de saúde disponibilizados pelo município.

A Associação de Moradores possui também um posto comunitário, ao lado de sua sede, com atendimentos de fisioterapia, fonoaudiologia e oftalmologia, além de aferição de pressão arterial e pequenos curativos (enfermagem).

Rio das Pedras conta com três escolas: Escola Municipal Escritora Clarice Lispector, na Estrada de Jacarepaguá, 2.166; Escola Municipal Claudio Besserman Vianna, na Estrada de Jacarepaguá, 3.327; e Escola Municipal Adalgisa Monteiro, na Estrada Bouganville, 346. Eram quatro, contudo, a Escola Municipal Rio das Pedras, na avenida Engenheiro Sousa Filho, S/Nº foi demolida pela Defesa Civil por risco de desabamento. Mil trezentos e sessenta alunos estudavam nessa escola e foram distribuídos por outras instituições de ensino, inclusive fora da favela.

Posto comunitário

Escola Rio das Pedras após a demolição

Escola Rio das Pedras após a demolição

Até então não foi construída nenhuma outra escola para absorver os alunos que lá estudavam. No local, ainda há um amontoado de escombros e lixo. Segundo o atual presidente da Associação de Moradores, a prefeitura alega que não pode construir no mesmo local, pois o solo é "encharcado". Entretanto, tal característica sempre esteve presente no solo daquela região, o que não impossibilitou que o poder público da época erguesse o prédio escolar, testificando o descuido com que a população pobre favelada é tratada pelos aparelhamentos estatais.

Rio das Pedras conta ainda com dois CIEPs: Lindolfo Collor, na Estrada de Jacarepaguá, 5.011 e Governador Roberto da Silveira, na Estrada de Jacarepaguá, 3.145, além de duas creches municipais: Otávio Henrique de Oliveira, Rua Nova, 20 e Rio Novo – Rio das Flores, Estrada de Jacarepaguá, 5.091.

Escolas estaduais de nível médio em Rio das Pedras são: C.E. Adalgisa Monteiro, Estrada de Jacarepaguá, 3.145 e C.A.I.C. Euclydes da Cunha, avenida Engenheiro Souza Filho, S/Nº.

De acordo com informações da Associação de Moradores, a favela conta com sete "estabelecimentos de ensino" particulares, da creche à 4ª série, que são conveniados com o município. Realmente, observa-se em Rio das Pedras dezenas de placas indicando e oferecendo serviços educacionais, principalmente na educação infantil e no ensino fundamental, muito embora não se tenha encontrado até a presente data nenhuma listagem com tais "estabelecimentos" nos sites da Secretaria Municipal de Educação.

Em uma sala na sede da Associação está o programa RBC (Reabilitação Social baseada na Comunidade), da Prefeitura, que atende pessoas com deficiências mentais, físicas, visuais, auditivas, bem como crianças e idosos. Não foi possível ver um atendimento pessoalmente, contudo, foi notado que há boa procura pelo trabalho desenvolvido por profissionais da área.

A Associação de Moradores mantém convênio com o Cetep – Centro de Educação Tecnológico e Profissional –, que também funciona no mesmo prédio. A Faetec está vinculada à Secretaria de Ciência e Tecnologia, e através do Cetep, oferece cursos profissionalizantes gratuitos. Na unidade de Jacarepaguá, em Rio das Pedras, são oferecidos os cursos de cabeleireiro básico, corte e costura básico, depilação, espanhol, informática, inglês, manicure/pedicure, maquilagem, montagem e manutenção de computadores, e panificação.

O Sesc[57] disponibiliza uma biblioteca volante, que se instala uma vez por semana na praça em frente ao prédio da Associação

---

[57] Segundo o site oficial, o Sesc – Serviço Social do Comércio – é uma instituição pública de direito privado, criada pela Confederação Nacional do Comércio, nos termos do decreto-lei nº 9.853, de 13 de setembro de 1946. Tem por finalidade estudar, planejar e executar medidas que contribuam para o bem-estar e a melhoria do padrão de vida dos comerciários e de suas famílias, como também para o aperfeiçoamento moral e cívico da coletividade. http://www.pi.sesc.com.br/o.asp. Data de acesso: 12/09/2010.

de Moradores, para empréstimo de livros e periódicos, de acordo com informações dos atendentes. A procura é mediana; poderia ser melhor se houvesse mais divulgação do trabalho e da importância da leitura para a comunidade.

Quanto à segurança pública, há um trailer da Polícia Militar na praça principal desde 2006, com turno de 12 horas, com revezamento de um policial. Não é realizado boletim de ocorrências, somente orientações. Conforme o presidente da Associação, tal posto "já foi despejado e tem dia para sair, pois o que Rio das Pedras precisa é de patrulhamento, e não de guardas ociosos".

De fato, escutei diversas vezes que os policiais não "adiantavam de nada" e que "ficavam engravidando as meninas, ludibriando as moças com suas fardas".

Efetivamente, nos momentos em que observei o posto policial, notei pouquíssima procura por seus serviços; notava, em vários momentos, os policiais conversando no bar situado na praça em que se localiza o referido posto.

Ou seja, não foi constatado qualquer indicativo de representação de estabelecimento de ordem e de segurança por parte dos policiais; os moradores, quando têm conflitos que demandariam a procura do posto policial, preferem os "serviços" de segurança disponibilizados pela milícia local, como será analisado oportunamente.

Na observação da ocupação habitacional da favela, iniciamos com o "bairro" do Pinheiro, considerada a parte mais elevada de Rio das Pedras, devido à ocupação de parte do Morro do Pinheiro, onde se encontram prédios de até 10 andares. A prefeitura construiu alguns desses edifícios para viabilizar parte do programa "Favela Bairro". O Morro do Pinheiro, ou Curva do Pinheiro, sofre com a escassez de água, em decorrência da falta de energia constante na favela, pois o fornecimento está condicionado ao funcionamento de bombas hidráulicas, que também geram problemas de abastecimento de energia.

O trecho da Estrada de Jacarepaguá que passa por Rio das Pedras é conhecido como uma região importante na favela, pois há grande concentração comercial. Aí, o local mais conhecido é o "Castelo das Pedras" ou "Castelão", casa de eventos conhecida pelos bailes funks que promove, atraindo pessoas de todas as regiões da cidade, inclusive jovens da Zona Sul carioca.

Já em situação limítrofe com o bairro de Jardim Clarice, estão os conjuntos Rio Novo e Rio das Flores, estes também conhecidos por moradores como "casinhas". São casas construídas pela Prefeitura em Rio das Pedras, originariamente para realocar desabrigados das enchentes de 1996, que atingiram a Cidade de Deus. O acesso oficial às "casinhas" está localizado na Estrada de Jacarepaguá, números 5.331 e 5.171, por estarem divididas em quadras. Para implantar esses conjuntos, a prefeitura celebrou contrato de

"Castelão"

concessão de direito real de uso,[58] por prazo de oito anos, findo os quais poderia o concessionário, em dia com as obrigações assumidas no contrato, requerer o título necessário para a transmissão da propriedade. A transferência da concessão para terceiros é proibida sem o assentimento discricionário da municipalidade.

Em situação semelhante, encontramos o conjunto São Bartolomeu, que fica na margem oposta ao rio das Pedras, beirando a Via Light,[59] também conhecido como "mangueirinhas", devido à quantidade de mangueiras plantadas no local. São Bartolomeu é reconhecido pela Prefeitura como um conjunto habitacional à parte de Rio das Pedras. Entretanto, seus habitantes se reconhecem como moradores do lugar (como é o caso de minha principal informante). A Associação de Moradores de Rio das Pedras também reconhece São Bartolomeu como parte integrante da favela. Seu endereço oficial é Estrada de Jacarepaguá, 3.145; também é dividido em quadras, onde estão as habitações.

---

[58] José dos Santos Carvalho Filho observa que a concessão de direito real de uso se perfaz por instrumento previsto no artigo 48 do Estatuto da Cidade (Lei 10.257/2001) para operacionalizar projetos e programas habitacionais, consistindo em negócio jurídico de direito público de que são partes o Poder Público, de um lado, e o administrado, de outro. O instituto destina-se ao uso de qualquer tipo de bem, móvel ou imóvel, permitindo que o concessionário faça uso da área ou de edificação pública. Sua natureza é a de contrato administrativo, rendendo ensejo à instituição de direito real resolúvel em favor do concessionário. Alerta o autor que a intenção do legislador ao imprimir o caráter resolúvel ao direito concedido é uma forma de advertência (grifo nosso) que o referido direito não possui natureza perpétua, mas que, ao contrário, poderá ser extinto em virtude de fato superveniente descrito na própria Lei. A formalização desse tipo de concessão se processa por instrumento público ou particular, ou por simples termo administrativo. (FILHO, 2006:322-323).

[59] Via principal que interliga a avenida Engenheiro Souza Filho à Estrada de Jacarepaguá. Não possui residências ou comércio. É margeada de um lado pelo rio das Pedras e de outro por um grande terreno de propriedade da Caixa Econômica Federal.

O conjunto é resultado dos projetos da prefeitura "Morar sem risco" e "Favela Bairro", aplicados nas favelas da Tijuquinha e Vila da Paz, bem como na remoção de alguns moradores da favela Cidade de Deus, desabrigados com as enchentes de 1996 e acolhidos em Rio das Pedras. Para implantar o conjunto São Bartolomeu, a prefeitura também celebrou contrato de concessão de direito real de uso, como ocorreu nos conjuntos Rio Novo e Rio das Flores, não sendo permitido transferir para terceiros os direitos da concessão sem prévio e discricionário assentimento do município, por prazo indeterminado, o que gera a impossibilidade dos concessionários se tornarem proprietários.

Isso significa que a presença estatal, ao implantar habitações, o faz estabelecendo diferenças, cria direitos desiguais para pessoas na mesma situação, o que contribui para estabelecer dois modos diferentes de acesso à moradia em Rio das Pedras: o extraoficial, que ocorre pela forma local, geralmente a cartorial, executada na Associação de Moradores; e o oficial, de duas formas: implantado pela prefeitura através de ordens diferentes, como ocorreu nos conjuntos de Rio Novo, Rio das Flores e de São Bartolomeu, pois, enquanto nos dois primeiros haveria a possibilidade de titularizar a propriedade dos concessionários, no conjunto São Bartolomeu a titularização proprietária foi impedida.

Ocorre, entretanto, que na prática local os moradores não reconhecem as limitações legais ao dispor da moradia, sujeita que está ao mercado imobiliário da favela. Imóveis situados no conjunto São Bartolomeu usualmente valem mais do que os existentes em Rio Novo ou em Rio das Flores. As razões que justificam os valores diferenciados das residências nesses bairros locais não têm correspondência com as normas postas no contrato celebrado entre moradores e ente público. A lógica do mercado local é condicionada por critérios considerados de relevância para os moradores; portanto, está submetida aos interesses coletivos.

Os moradores de São Bartolomeu possuem poder aquisitivo mais elevado, como demonstram não só as edificações, como os bens de consumo a que têm acesso: carros, eletrodomésticos modernos e filhos matriculados em escolas particulares. O conjunto goza de certa urbanização, com calçamento, ruas asfaltadas e saneamento básico, tornando-o área muito valorizada de Rio das Pedras para morar. Inúmeras vezes ouvi de seus moradores: "Aqui é a zona sul da favela".

Prédio em São Bartolomeu

Outra região que merece destaque é a avenida Engenheiro Souza Filho, a "Engenheiro", como é chamada pelos moradores. Trata-se de uma avenida que corta a favela de Rio das Pedras praticamente ao meio, estabelecendo a ligação entre a Barra da Tijuca e Jacarepaguá. A "Engenheiro" possui grande concentração de comércio. É lá que se localiza o grande supermercado[60] da região.

O maior supermercado de Rio das Pedras. (MultiMarket)

Também nesse lado da favela é que se encontra a Vila dos Caranguejos, onde ocorreu a primeira invasão planejada, realizada pelos moradores, comandada pela Associação, em 1983 (Burgos, 2002:40). Esse lado da favela sofre muito com as chuvas, pois, segundo seus moradores, o solo é de "turfa". A turfa é um material de origem vegetal, parcialmente decomposto, encontrado em camadas, geralmente em regiões pantanosas. Contudo, os moradores se referem genericamente a esse termo, na maioria das vezes

---
[60] Rede MultiMarket.

Alagamento da avenida Engenheiro Souza Filho em decorrência das chuvas

para dizer que o solo da região cede com facilidade, principalmente com as chuvas, que alagam a área com facilidade.

De acordo com voz corrente na favela, a ocupação desse trecho foi precedida de uma substancial operação de aterragem (o que inclui parte da lagoa da Barra), com quantidade significativa de caminhões de aterro. Por esse motivo, a área se manifesta com as irregularidades descritas pelos moradores.

No passado, parte da "Engenheiro" foi desocupada por algumas construções terem sido edificadas sobre tubulações. Entretanto, um antigo presidente da Associação loteou a área, doando e vendendo os terrenos. Assim, os barracos de madeira deram lugar aos imóveis atuais.

O trecho mais tradicional de Rio das Pedras é a Rua Velha, (onde tudo começou).[61] Corre paralelamente ao rio que dá nome

---

[61] Referência que os moradores fazem ao início da favela.

à favela e nela vivem muitos dos fundadores da comunidade. A rua concentra farto comércio e residências nos andares superiores das lojas. É asfaltada e bem movimentada, com bares e biroscas que tocam músicas em som alto, com predominância de ritmos nordestinos.

Na parte inferior, à esquerda, no sentido Jacarepaguá, indo pela avenida Engenheiro Souza Filho, depara-se com a região mais empobrecida de Rio das Pedras, constituída por Areal, Areal 1 e Areinha. A extensão final de Areal 1 e Areinha chega às margens do espelho-d'água da lagoa da Tijuca. Esse ponto é chamado pelos moradores de "Pantanal". Desse pedaço da favela avista-se muito bem o condomínio de moradores de classe média alta "Península", na Barra da Tijuca, próximo ao centro comercial Barra Shopping, o que faz com que seus moradores digam, jocosamente, que vão ao shopping de barco.

Burgos (2002:42) se refere a essa parte geográfica como a "periferia" de Rio das Pedras, pois suas construções são bem mais simples do que em outras regiões da favela. Nessa aérea encontram-se barracos de madeira, construídos em charcos, sem qualquer estrutura de saneamento básico, esgoto a céu aberto em várias ruas e considerável processo de rebaixamento das ruas. Estas, que não são asfaltadas, cedem à medida que as casas são construídas. Trata-se de uma área extremamente empobrecida. Seus moradores são obrigados a conviver com cobras e ratazanas, expostos a recorrentes enchentes, obrigando-os a uma constante revisão do pé-direito da casa.

Areal

Areal 1

Areinha

Tais características vão consolidar uma hierarquização de espaços definida, principalmente, a partir da localização do imóvel, o que fez Burgos (2004) classificar as áreas em periféricas, intermediárias e centrais. Ressalta-se, nesse aspecto, o trabalho realizado por esse autor no sentido de indicar a disputa simbólica entre os espaços, na medida em que, ao mudar de local, o morador poderá ascender ou descer na escala social de valores existente na favela. "É por isso que mudar de área no interior da própria favela pode ter o significado de uma mobilidade social" (Burgos, 2004:46).

Assim, reconhecemos nas narrativas dos seus habitantes os bairros considerados "melhores" e "piores", o que confere distinção social entre os próprios moradores: "Já morei até debaixo de ponte. Agora tô no Areinha, mas tô melhorando. Minha casa, que era de madeira, já é de tijolo. Depois que tiver pronta, vou vender por um bom preço. Aí vou pro Rio das Flores ou outro lugar melhor, até chegar na Mangueirinhas. Só não quero sair da favela. Aqui é o melhor lugar pra morar; tem tudo e ainda é sossegado."

Esses aspectos também vão desembocar no mercado das "lajes". Os traços que caracterizam Rio das Pedras serão indicadores de como o "direito de laje" se manifesta como um efeito da grande ausência do Estado, fazendo com que aqueles que estão fora do mercado de apropriação formal elaborem mecanismos próprios de regulamentação de seus espaços habitacionais.

Desse modo, com a finalidade de melhor explicitar como ocorrem esses mecanismos, passo a descrever qual o significado do "direito de laje" na favela investigada e como ocorre sua execução nesse grande mercado.

O "DIREITO DE LAJE" EM RIO DAS PEDRAS: A COMPRA DE SONHOS E SUA REALIZAÇÃO

Na área da construção civil, laje é o elemento estrutural de uma edificação responsável por transmitir as ações que nela chegam para as vigas que a sustentam, e destas para os pilares. Ou seja, são blocos de concreto armado, formando um piso, especialmente cada um dos que separam os andares de um prédio.[62]

Esta é uma significação técnica adotada na engenharia de construção civil; contudo, os saberes locais das áreas favelizadas no Rio de Janeiro estabeleceram o emprego do termo "laje" para designar o espaço aéreo superior dos imóveis, mesmo que não haja a presen-

---
[62] pt.wikipedia.org/wiki/Laje (arquitetura).

ça material de qualquer construção. Portanto, vender uma laje não significa a existência de qualquer construção sobre ela. Na realidade, muito comum em favelas cariocas é simplesmente a negociação do espaço aéreo delimitado nas dimensões de largura e comprimento do imóvel situado sob a laje. Trata-se do emprego do termo pelos moradores em favelas ao apropriarem-se de tecnologias modernas para resolver seus problemas, pois, devido às pequenas extensões dos lotes habitacionais, a utilização do concreto armado permitiu a única expansão viável: a vertical (Campos, 2010:02).[63] Por isso, é comum, ao passarmos por determinadas favelas do Rio de Janeiro, nos depararmos com o seguinte anúncio: "vende-se uma laje."

Em Rio das Pedras, a iniciativa de construir acima de uma moradia partiu de necessidades familiares. Como, por exemplo, quando um filho casava e não tinha como pagar aluguel, a solução era construir na parte superior, sobretudo quando não havia espaço lateral no quadrante da residência. Essa maneira de instituir moradias familiares desenvolveu-se com o tempo, ao perceberem que, na ausência de espaços no solo para ocupação, associada a todo o processo de escassez de políticas públicas para as camadas de baixa renda alcançarem o direito à moradia, surgiu a solução de crescer verticalmente, assumindo, esses espaços, no mercado autônomo o valor do solo.[64] Essa atribuição mercadológica que o solo vai assumir implicará o processo de especulação imobiliária existente nas favelas, como em Rio das Pedras, pois não há prática especulatória sem mercado.

---

[63] http://www.abong.org.br/final/noticia.php/faq=20845. Artigo: "Irão as favelas se tornar as vedetes do urbanismo pós-moderno?"
[64] Semelhante ao processo de construção de prédios em áreas urbanas formais, constatado no Brasil a partir da década de 1920. No caso do Rio de Janeiro, o processo de verticalização predominou na região litorânea e para uso residencial (Vaz, 2002:120-121).

Outro fato que chama atenção na questão de instituição de moradias familiares é a constatação de um importante dado sociológico, porque tal proximidade geográfica de grupos familiares informa as estratégias de reprodução social e econômica que serão estabelecidas na favela. Em Rio das Pedras é comum a convivência entre irmãos, primos e tios, uma das razões que se torna tão visível a solidariedade social e o valor da fiança pessoal.

Portanto, a "laje" está relacionada a uma das formas que o povo da favela instituiu para contornar a falta de recursos, de infraestrutura pública e as dificuldades geológicas e topográficas dos morros e brejos (Campos, 2010:01), como também articula sua participação em um intenso mercado de circulação de riquezas. Ou seja, o "direito de laje", ao ser instrumentalizado, traz à tona o sentimento de pertencimento ao cidadão, uma vez que o favelado, ao articular tais meios econômicos, participa da mobilidade social, consequência do Estado Democrático de Direito, em que todos possuem possibilidades de participar das riquezas sociais e econômicas.

Ao contrário do que se estabelece nos discursos de representantes públicos, a "laje" não é uma distonia urbana; ela se perfaz como meio de utilizar o solo, analogamente ao que ocorre nos espaços formais, na perspectiva utilitarista do solo.

Em abril de 2009, o secretário de Urbanismo da cidade do Rio de Janeiro deu a seguinte entrevista ao jornal *O Globo*:

> Queremos impedir a proliferação dessa venda de lajes. Nosso objetivo é que as pessoas reconheçam as regras do jogo para a regulamentação de cada comunidade. Vamos adotar ações emblemáticas, como as realizadas até agora.

Estava se referindo à recente demolição de um prédio na favela da Rocinha, depois de uma batalha judicial. De fato, percebe-se, na atuação do Estado, uma investida consciente e, portanto, concreta de extermínio das "lajes". É notório que as atuais obras de "remodelamento" de algumas favelas não torna possível a construção de adensamentos superiores. Aliás, tais obras revelam o ideário de uma política urbana que exclua o morador, ou seja, o destinatário final da obra, de toda e qualquer atuação em seu espaço de moradia. Demonstrando certa imposição de um modelo de urbanização e moradia de maneira absolutamente autoritária, sem esquecer que, não raro, as dimensões dos imóveis "remodelados" são incompatíveis com o sentido de dignidade humana.

Essa situação ocorre em Rio das Pedras no conjunto São Bartolomeu. As casas do projeto que deu origem ao conjunto "casinhas" não possuíam mais que 20 m² de área construída (foto na página seguinte), praticamente um único cômodo. Ao entrar nessas habitações é perceptível a falta de ventilação e iluminação, o que contribui para condições insalubres para seus habitantes.

Todavia, a criatividade da favela foi à frente. Derrubaram as casas e construíram prédios, possibilitando uma moradia mais digna do que aquelas oferecidas pelo Estado.

São Bartolomeu

Campos (2010:01), em seu artigo "Irão as favelas se tornar as vedetes do urbanismo pós-moderno?", retrata a falta de compromisso arquitetônico na dignidade das construções realizadas pelo Estado em projetos habitacionais voltados para a população pobre. Observa o autor que esta (não) percepção urbanística advém do juízo de conceber as favelas como uma não cidade; assim, não urbana. Alguns especialistas (urbanistas, arquitetos, engenheiros, administradores etc.) consideram as favelas um erro, uma deformidade na cidade, uma síntese daquilo que deve ser evitado quando o assunto é desenvolvimento urbanístico, razão pela qual há um ataque ostensivo à autoconstrução realizada pela população mais pobre da cidade, retórica utilizada há tempos na tratativa de alocações informais, como já visto em capítulos anteriores.

Salienta o autor que o "urbanismo de favela" nada mais é do que um discurso justificador de uma visão de classes. Essa visão possui grandes colaboradores para imprimir a ratificação de "modelos" de estratificação socioespacial, como o mercado imobiliário e o próprio Estado. Esses personagens sempre estiveram presentes em situações relativas à ocupação do solo urbano por camadas mais pobres, no Rio de Janeiro. Como já se demonstrou, no século XIX todo aparato higienista para derrubar os cortiços do Centro carioca contou com a participação de engenheiros, médicos e empresários da área imobiliária, desejosos de novos padrões de urbanização para a cidade e, é claro, o Estado.

Tais premissas, compartilhadas por especialistas da área urbanística, tornam-se úteis para viabilizar políticas públicas que correspondam a anseios de dominação econômica e, portanto, no diapasão do capital, tão somente. Não dão conta de uma visão mais universal da realidade social e espacial, absolutamente necessária para uma prática transformadora do acesso à moradia digna para todos os cidadãos.

Na atualidade, a justificativa de segurança (inclusive o da preservação ambiental) tem sido manipulada para inspirar uma política de segregação através de um tratamento jurídico desigual entre classes econômicas.

No final de 2009, o município de Angra dos Reis/RJ foi cenário de sérios deslizamentos de terra ocasionados por fortes chuvas na região. Muitas mortes ocorreram com os desabamentos de imóveis. Após toda a catástrofe, vários representantes de órgãos públicos se manifestaram sobre a necessidade de **remoção imediata** (grifo próprio) daqueles que estavam em área de risco ou que estivessem em área de proteção ambiental, ou de todo imóvel construído em desacordo com as regras de construção. Qualquer pessoa que conheça o belíssimo balneário de Angra dos Reis saberá dizer a quantidade significativa de construções "indevidas" existentes, principalmente aquelas situadas em luxuosíssimos condomínios, mas que não foram atacadas pelos órgãos públicos. Todo o discurso foi direcionado para as habitações pobres.

Discurso semelhante foi usado na catástrofe ocorrida no Morro do Bumba, no município de Niterói/RJ, em abril de 2010, quando diversas pessoas morreram em decorrência de deslizamentos de terra sobre casas construídas em um lixão desativado, com permissão do poder público municipal. Nessa ocasião, seus moradores foram responsabilizados por "querer morar daquela maneira".

Essas distorções fazem esquecer que as favelas são resultado de um processo histórico de segregação socioespacial que a população pobre vem enfrentando nas cidades. Esse processo se consolidou a tal ponto que as favelas se tornaram parte integrante das cidades. A favela, portanto, está na cidade e é cidade, não devendo ser analisada simplificadamente como um elemento distorcido daquilo que seria "ideal".

O "direito de laje", por conseguinte, é também resultado de todo esse processo. É uma prática resultante da necessidade de institucionalizar arranjos que empreendam segurança para a forma de morar, oriundas da autoconstrução. Foram as próprias práticas que consolidaram regras socializadas na favela que ditaram as maneiras de como construir e como negociá-las.

No contexto investigado, o "direito de laje" decorre das negociações que envolvam o espaço aéreo de um imóvel – estando ou não construído. Encontrei as seguintes práticas em Rio das Pedras:

a) O lote tem uma construção, que pode ser um barraco de madeira ou uma casa de alvenaria. O construtor compra o lote, derruba a casa e ergue um prédio com várias unidades autônomas, destinando uma ou duas unidades para o vendedor do terreno.

O prédio retratado na foto abaixo foi construído em lote idêntico ao da foto da página seguinte:

Prédio erguido na favela Rio das Pedras.

Nesse caso, há a figura do incorporador, que não morará, necessariamente, no prédio construído. Ele pode ser uma pessoa que não reside na favela, mas possui a autorização de atuar nela. Conheci um senhor, morador de um condomínio de luxo, em um bairro de classe média alta do Rio de Janeiro, que investe em Rio das Pedras. Ele é dono de vários prédios e tem seus apartamentos e quitinetes alugados.

b) O terreno tem uma construção precária, sendo vendido para construir um pequeno prédio. Nesse caso, o vendedor poderá ficar com uma quitinete ou com um apartamento e o direito da laje, ou seja, poderá ainda vender a parte aérea para outra pessoa construir mais andares.

c) O terreno já possui um prédio e vende-se somente a laje.

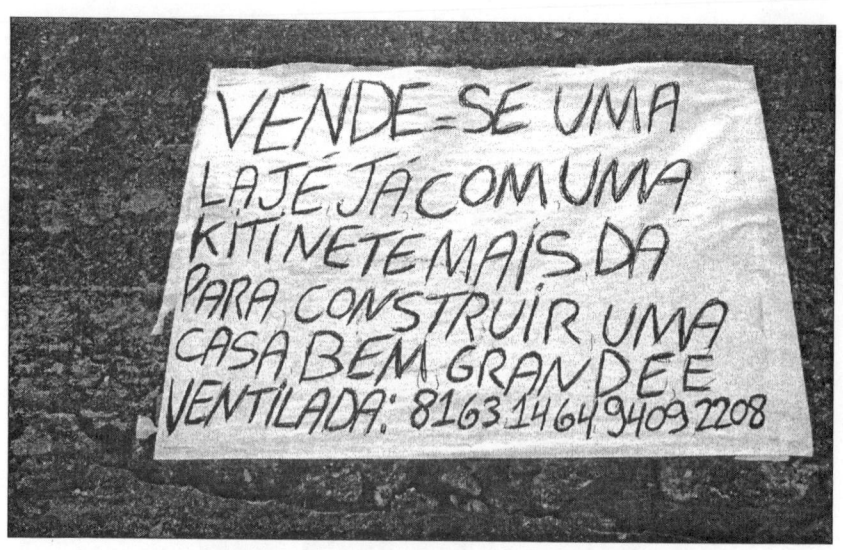

> VENDE-SE UMA LAJE JÁ COM UMA KITINETE MAIS DA PARA CONSTRUIR UMA CASA BEM GRANDE E VENTILADA: 8163 1464 9409 2208

d) O prédio já está construído e as unidades autônomas são comercializadas independentemente, podendo ser por meio de compra e venda ou locação.

> VENDE-SE UMA ÓTIMA KITINETE
> Rua José Carlos da Silva, Nº 114, Apt 201
> Valor: R$ 12.000,00
> 9546-2251 Falar c/ Cláudia
> 9393-4436 Falar c/ Magda

e) Venda somente do espaço aéreo. Trata-se da venda de espaço aéreo sobre um córrego. A construção não poderia obstruir a passagem das águas; na realidade, um esgoto a céu aberto.

Como é cediço, o "direito de laje" não encontra respaldo jurídico no Direito brasileiro. Não há arcabouço legal que permita o enquadramento dessa modalidade habitacional. É uma realidade social, mas uma invisibilidade jurídica.

A falta de parâmetros claros para estabelecer um relacionamento social que seja resultado da conexão entre o real e o legal favorece a institucionalização de fato de práticas sociais reiteradas em conglomerados habitacionais favelizados no Rio de Janeiro. A falta desses parâmetros resulta não só em uma segregação socioespacial, mas confere um status reverso ao de não cidadão, uma omissão jurídica em não reconhecer legalmente as moradias dessas pessoas, impedindo também que se apropriem de outros direitos consectários.

Fora do sistema oficial, desenvolve-se dentro desse espaço um outro direito não oficial, que passa a ter vigência paralelamente com o direito oficial brasileiro (Carbonari, 2008). Esse direito, portanto, torna-se institucionalizado no contexto de Rio das Pedras, legitimando-se, por assim dizer.[65] Destarte, o "direito de laje" surge em consequência de a favela assumir uma feição autônoma frente a não atuação do poder estatal. Ela se encarrega de suas próprias necessidades, na contramão do imaginário social das camadas favorecidas em enxergá-la como nicho de marginalidade e de desamparados à "espera-de-uma-solução". A isso Junqueira (1992) chama de "esperança de redenção secular", em uma "ideologia do favor", ao não reconhecer os favelados como sujeitos de direito, o que fragiliza o reconhecimento da cidadania aos moradores de conglomerados habitacionais informais, a exemplo do que ocorre em Rio das Pedras.

---

[65] Trata-se de um direito de moradia legitimado e institucionalizado em Rio das Pedras e também encontrado em outras favelas da cidade.

Não é um fato incontestável que os favelados querem sair da favela a todo custo, que manifestam urgência em deixá-la, por carência de infraestrutura, insalubridade e outros fatores. O que a pesquisa revelou é que os moradores não querem sair de Rio das Pedras. Desejam apenas melhorar as condições em que vivem no local. Nas entrevistas que realizei, ouvi com bastante frequência que Rio das Pedras é o melhor lugar para morar. Mais da metade dos entrevistados, um total de 192 pessoas, moram há mais de 10 anos na favela. Isso ratifica a concepção de que as pessoas estabelecem suas vidas nesse contexto espacial com *animus manendi*.[66] Não há uma mobilidade externa considerável em Rio das Pedras; muito ao contrário, há intensa absorção de novos moradores, o que motiva o crescimento habitacional na favela. Tais feições só são constatáveis a partir de uma compreensão de aprazibilidade do local em que fixam suas moradias. Por conseguinte, também será o lugar em que se estabelecerão as relações interpessoais.

As relações pessoais também serão consequência de uma forma de partilhamento oriunda da proximidade entre as moradias, fazendo com que haja pouca distinção entre o público e o privado. Todavia, essa socialização de espaços é compreendida como forma de estar protegido e seguro. Ao perguntar a uma interlocutora sobre a escassez do espaço e a pouca privacidade, pois a janela de sua sala abre para o corredor de outra casa, foi-me dito que, "tirando o problema da ventilação e do calor, pelo menos sabia que, se precisasse, os vizinhos estariam prontos a ajudá-la. Somos uma família só".

Ademais, as relações de proximidade em Rio das Pedras se apresentam como parte do processo de ocupação da própria fa-

---

[66] Intenção de fixar residência definitiva, intenção de permanecer.

vela. Para morar em Rio das Pedras, faz-se necessário conhecer alguém. O ingresso na favela passa por alguma pessoa que apresenta o novo candidato à compra ou locação de certo imóvel, uma forma de caução moral, para viabilizar a entrada do novo morador.

Segundo Burgos (2004), em favelas mais tradicionais, as relações pessoais se confundem de tal ordem que se mesclam no mercado imobiliário, até porque tais relações são necessárias nas práticas negociais dentro da favela, posto que, na ausência de regras jurídicas que amparem os negócios exercidos, há efetiva necessidade de se regular essas práticas em normas pressupostas de confiança, que somente podem decorrer de um processo de conhecimento prévio, portanto, de relações interpessoais (Burgos, 2004). Essa realidade permite conceber a favela não apenas como um mercado de trocas entre oferta e procura, mas nutrida por um sentido maior de identificação dos diversos grupos que a compõem.

Rio das Pedras, como outras favelas, é representada como parte do cenário da cidade, inserindo-se em uma considerável rede de trocas materiais e simbólicas, de que o "direito de laje" é parte integrante. Convém pontuar que uma feição simbólica tão distinta da econômica e da jurídica não pode ser esquecida. Em Rio das Pedras, crescer, ganhar altura, permite dar visibilidade à existência simbólica da favela no panorama da metrópole como expressão da favela sobre sua real existência. É como se ela estivesse dizendo para a cidade: "Estou aqui!"

Lembro-me de um senhor que me disse "que de longe dá pra ver Rio das Pedras, dá Barra dá pra ver!". Ele tem razão. De vários pontos do bairro da Barra da Tijuca se avista Rio das Pedras pela altura de suas construções.

Devo registrar que as regras de construção são locais e não guardam os padrões normatizados pela municipalidade, nem com os saberes consagrados na engenharia ou na arquitetura, voltados para construção de habitações em áreas oficialmente urbanizadas, nas quais se paga o imposto territorial urbano (IPTU). Há uma produção de normas tácitas que objetivam o direito de construir socializadas no seio da favela, razão pela qual, ao perguntar a um construtor como ele sabia se poderia ou não construir do jeito que estava edificando, a resposta foi: "Todo mundo aqui sabe o que pode e o que não pode; o que sei, aprendi com os outros e ensino o que sei para os mais novos." A lição do interlocutor sugere, inclusive, que há absorção de mão de obra local na atividade do mercado de construção, privilegiando os moradores no mercado de trabalho local.

Na prática da construção e no erguimento de novos adensamentos, a Associação de Moradores atua como órgão fiscal dessas regras implícitas quando lhe interessa, pois, em alguns casos, será a ela própria que permitirá determinadas construções em total desacordo com essas mesmas regras. Foi o que constatei em uma determinada construção, em uma rua sem saída, em que o construtor do último lote teve a autorização para invadir o espaço destinado ao asfalto da rua. Todos os vizinhos reclamaram, mas nada foi feito, "pois ele tinha permissão da Associação".

Área comum invadida em São Bartolomeu

As moradias verticais construídas sobre lajes dão lugar a uma consciência de moradia específica, principalmente do ponto de vista mercadológico. Após percorrer o espaço da urbe local e de conversar com moradores, percebi diferenças entre os que habitam sobre lajes e os da superfície, configurando estilos de vida e de comportamento que expressam modos de ser e de viver distintos. É como se a hierarquia de espaços interferisse na posição social do morador na favela. Há uma diferença entre morar em um apartamento e morar em uma quitinete. O apartamento tem dimensões maiores, geralmente com dois ou mais quartos. As quitinetes compõem espaços menores, podendo ou não ter banheiro próprio. As menos valorizadas são aquelas que possuem banheiro e área de serviço comunitários, também chamadas de quartos, bem semelhante à organização dos cortiços,[67] já descritos.

O "direito de laje", como se explicita, é instrumentalizado na favela de Rio das Pedras de diversas formas, mas cabe ressaltar que o valor simbólico, para seus moradores, quando adquirem seus imóveis, é a realização de um sonho: o "sonho da casa própria". Esse sonho foi reiteradamente verbalizado nas negociações que presenciei.

"Finalmente tenho minha casa."
"Agora eu sou dono e proprietário."
"Meus filhos não vão ficar como eu, de galho em galho. Agora temos um teto nosso."
"A família vai ficar junta, vou trazer minha mulher e meus filhos do Ceará, pra nossa casa."
"Fiz muito serão pra juntar o dinheirinho. Agora que tenho um teto, é só comprar os móveis devagarzinho."
"Comprei a laje e agora vou construir duas quitinetes, uma pra mim e outra pra alugar. Agora vou ter minha casa e ainda vou ter outra pra ajudar nas despesas."
"Não pago mais aluguel. A gente vai poder ter uma vida melhor."

---

[67] Habitação coletiva, onde a cozinha, o banheiro e a área de serviço são utilizados por todos os moradores.

Essas representações expressas a respeito da aquisição da casa própria, que não perpassam pelos modelos formais e, portanto, não necessitam das ingerências do Estado para valorizá-las como apropriações particularizadas, são decorrentes da própria categorização de ilegalidade imposta à favela, traduzida na segregação socioespacial que marca os favelados, não só por uma geografia própria. Na situação de ilegais, os moradores da favela constroem uma identidade exclusiva, com modelo específico de economia, além de leis e códigos particulares. Tal obstinação em manter um modo de vida próprio cria mecanismos que fazem com que os moradores de Rio das Pedras se sintam mais realizados, mitigando as marcas de "marginalizados" que com frequência lhes são endereçadas (Valladares, 2009).

A ASSOCIAÇÃO DE MORADORES – SUA FUNÇÃO NO MERCADO IMOBILIÁRIO: ATIVIDADE CARTORIAL E ADMINISTRAÇÃO DE CONFLITOS DE MORADIA NA FAVELA

Sede da Associação de Moradores

Visão geral do prédio da Associação de Moradores

O mecanismo frequentemente utilizado como forma de amparar as aquisições realizadas em Rio das Pedras e, portanto, dar segurança "jurídica" a elas é o registro feito na Associação dos Moradores.

Para melhor explicar a atuação da Associação nesse particular, cabe explanar, contextualmente, o seu agir e a sua significância no universo da favela. Digo contextualmente porque a perquirição detalhada da Associação não faz parte do presente trabalho. Entretanto, compreender sua atuação foi necessário apenas como meio de chegar até a sua função cartorial, em que concentrei minha observação.

Convém pontuar que a figura jurídica das associações de moradores surgiu como entes personalizados para viabilizar um melhor diálogo entre as favelas e o poder público. São entidades eminentemente representativas que, no sentido das favelas, foram desenvolvidas para tornar visíveis as práticas reivindicatórias das populações concentradas nesses espaços.

Com sede na Rua Nova, a Associação de Moradores de Rio das Pedras está instalada em um prédio que destoa do contexto da favela pela grandeza de sua arquitetura. Possui três andares, com 50 metros de comprimento por 10 metros de largura, cada pavimento. Cada andar tem, portanto, 500 m² de área e o prédio inteiro 1.500 m², divididos da seguinte maneira:

02 salões de festa;

01 panificadora;

01 cozinha industrial;

25 salas;

09 banheiros.

A Associação de Moradores de Rio das Pedras existe desde 1979, contando com 15 presidentes até os dias atuais, tendo sua trajetória marcada por suspeitas de atuação como organização criminosa e alguns de seus presidentes presos por isso.

É fato que a Associação representa para muitos moradores a longa manus da milícia local e consiste basicamente em grupos que buscam empoderamento sobre atividades e relações estabelecidas pelos moradores da favela. Cabe destacar que o termo empoderamento aqui usado traduz o processo pelo qual as pessoas assumem o controle de serviços locais, criando e gerindo meios articuladores de domínio, inclusive usando o monopólio da força física, posto que o controle estatal encontra-se ausente de várias atividades e serviços.[68] Esse empoderamento se dá de maneira articulada e organizada: existe uma pessoa responsável por cada área

---

[68] Há outros empregos para o termo "empoderamento"; contudo, optei pelo acima descrito. Para Paulo Freire, a pessoa, grupo ou instituição "empoderada" é aquela que realiza, por si mesma, as mudanças e ações que a levam a evoluir e a se fortalecer, diferentemente da expressão *empowement* já existente na língua inglesa, significando "dar poder" a alguém para realizar uma tarefa sem necessitar da permissão de outras pessoas. Nesse sentido, ver VALOURA, Leila de Castro.

de atuação da milícia; cada segmento comercial explorado possui um "coordenador", seja na cooperativa de transporte, na distribuição de pontos de TV a cabo, na distribuição de gás de cozinha, no empréstimo de dinheiro a juros (denominado de "parte financeira", segundo um informante), na permissão de construção, no loteamento do solo, no recolhimento dos "tributos" cobrados aos comerciantes locais para empreender qualquer atividade. Esse poder político consegue administrar o território com mão de ferro através de um rigoroso controle sobre toda a área, não só impedindo a invasão de grupos de outras favelas, bem como mantendo pacífica e segura a circulação dos moradores em seu espaço público (Burgos, 2004).

Percebe-se na atualidade forte empenho por parte da Associação de Moradores em desfazer a implicada ligação com a milícia, demonstrado um maior esforço em atuar como agente de representação especificamente.

A ausência do poder público, por meio de ações públicas reais, reforça a liderança política localizada, com práticas postas a serviço da favela, mas comandadas pelo poder privado, na similitude do que ocorria no século XIX, no exercício do coronelismo, em que o senhor era distribuidor de todos os recursos indispensáveis aos membros da comunidade.

Rio das Pedras já teve como seu representante no Legislativo o vereador Josinaldo Francisco, o "Nadinho", que, antes de ser vereador, foi presidente da Associação de Moradores e braço direito de um grande líder local, Félix Tostes, morto em fevereiro de 2007. Nadinho foi o principal suspeito da polícia pela morte de Félix, o que o levou a ser preso por certo período. Felix Tostes era um inspetor de polícia nascido e criado em Rio das Pedras, tinha fortes vínculos com a comunidade e, segundo voz corrente, "conhecia todos pelo nome. Mantinha a favela nos eixos". Sua morte, de acordo com o que ouvi diversas vezes, "deixou a favela órfã, nunca mais a favela será a mesma. Perdemos nosso pai".

Alguns interlocutores dizem que, a partir do episódio da morte de Félix, ocorreram disputas de poder entre os membros da milícia. Em junho de 2009, Nadinho, que não conseguiu ser reeleito, foi morto de forma semelhante a Félix. O penúltimo presidente eleito, em novembro de 2009, foi preso em uma operação policial chamada de "Rolling Stones", assim como várias pessoas suspeitas de participar de milícias no Rio de Janeiro. Foi solto em março de 2010 e retomou sua função como presidente por certo período, mas renunciou logo depois.

De fato, a Associação, apesar de todos os percalços narrados, é reconhecida e legitimada como aquela que exerce o controle local, com funções similares às do Estado: legisla, executa "serviços públicos" e ainda exerce a função judiciária, julgando, conciliando ou mediando os conflitos que lá chegam, ou seja, administra os conflitos extrajudicialmente. Exerce, ainda, o poder "policial" através da repressão a tudo aquilo que se julga indevido ou "ilícito". Uma das razões pelas quais não há tolerância ao uso de drogas ostensivamente na favela está na vigilância de "policiais" ligados à Associação, como me foi dito por um entrevistado. Depois de algumas conversas comigo, ele identificou-se como "polícia", ligado à Associação. Segue o seu relato:

> O uso de drogas atrai outros problemas, como roubos e furtos, porque o usuário de drogas, quando não tem dinheiro, parte para roubar até a própria família, e isso não pode ser permitido aqui. Temos que manter a ordem. Se fumar, vai ter que queimar pano de prato pra ninguém sentir o cheiro do baseado, pois se

alguém sentir e contar, vamos ter que tomar uma providência, ou ele se corrige, ou vai ter que sair daqui.

Tal coercibilidade, praticada pela ausência de segurança pública, gera arbítrio da moralidade local, que decide o que está certo ou errado. Por outro lado, se legitima na favela pelo clima de "paz", consubstanciado pela rigidez do controle exercido, razão pela qual, segundo depoimentos, "morar em Rio das Pedras não tem igual. Aqui é melhor do que outro lugar, é tranquilo. As crianças podem brincar na rua e a gente pode chegar tarde, sem medo".

Essas feições fazem concluir que, além da visão particular da urbe, habitus próprios representados nas relações entre os moradores (Bourdieu, 1990) e o modus organizandi com que gerem relações e conflitos internos parecem indicar que, especialmente em Rio das Pedras, os moradores buscam um espaço público próprio onde não se sentem excluídos, mas são parte dele, sonho que, se não é realizado em outras favelas, torna esta um exemplar do imaginário social da população dos favelados em geral.

O poder exercido e estabelecido pela Associação – com a chancela dos moradores – se instrumentaliza na organização da própria favela, trazendo a redução de riscos de violações não só ao patrimônio como à integridade física dos moradores. Vê-se, dessa maneira, que a troca existente entre os moradores e a Associação se manifesta por motivos concretos de interesses recíprocos, que se ajustam e se conciliam.

Uma senhora, moradora há mais de 20 anos em Rio das Pedras, me relatou que a "vida na favela era calma, desde que não se fizesse besteira". Perguntei o que seria "besteira". Besteira, disse ela, é

> não causar mal às pessoas e se comportar conforme as regras. A gente não tem ninguém por nós, se nós não se ajuda, quem vai

ajudar? Vai que precisa de um teto pra morar, quem vai te dar? O governo não sabe quem nós somos, a gente não existe.

Essa fala reporta a estreita relação dos moradores com a liderança local. A legitimação da atuação da Associação se dá pela ausência do Estado, clara no sentimento de abandono verbalizado pelos moradores, vinculada ao poder da Associação na favela, efetivamente constatável, motivador da condução de uma identidade institucionalizada de agente estatal, mesmo sem o ser.

Assim também se revela a atuação judiciária da Associação, que funciona, em Rio das Pedras, não como uma juridicidade alternativa, secundária, mas principal. Seus moradores não possuem o hábito de procurar o Judiciário para dirimir seus conflitos internos; procuram a Associação, para que, como agente judicializador, promova a administração de seus conflitos.

A visão marginal imposta constantemente por parte da sociedade aos favelados, o que inclui o próprio poder público, faz com que eles não reconheçam nos aparelhamentos públicos a competência e a legitimidade para promover a administração de seus problemas. A síntese é simples: por não serem reconhecidos como titulares de direitos que estão na esfera institucional formal, pois são ilegais, também não reconhecem nos entes estatais autenticidade suficiente para promover soluções adequadas às suas realidades. Compreendem que seus conflitos não estão ao alcance do Estado, pois este não concebe suas práticas. Destarte, o Judiciário não é reconhecido como poder legítimo[69] para solver os conflitos existentes na esfera interna da favela.

---

[69] Poder legítimo aqui compreendido como poder decorrente de um consenso social, no sentido de aceitação, por exemplo, da dominação da Associação e da recusa de buscar o Judiciário. Ver Max Weber. *Economia y Sociedade*. México: Fondo de Cultura Económica, vol. II, 1964. pp. 706-716.

Certa vez acompanhei uma reunião na Associação que buscava resolver um conflito relacionado à construção de um prédio. O comprador dizia que o vendedor não tinha direito à última laje, mas apenas às duas quitinetes que ficariam no último andar do prédio de quatro andares, o que era refutado pelo vendedor, que alegava que o contrato não dizia nada a respeito e que, portanto, a laje era dele, pois o que não está escrito não vale. No meio de intensa discussão sobre como solucionar o conflito ali existente, concluída a reunião, perguntei a uma das partes por que não fora ao Judiciário resolver o problema. A resposta foi: "Uma vez tive um problema com a compra de uma laje e fui à defensoria. A mocinha que me atendeu disse que essas coisas de favela não existem na lei, e que eu não podia reclamar quando uma coisa não existe na lei."

Outro morador que assistia a esse diálogo, interveio e disse: "Comigo foi a conta de luz... e pediram a conta de luz. Disse que não tinha. O doutor me disse que sem conta de luz não podia, que o juiz não deixava. A gente resolve aqui mesmo, aqui a gente sabe que resolve, e ainda é mais rápido, não precisa acordar às três da manhã pra ir à defensoria e esperar ser atendido".

A ausência de reconhecimento leva a considerar que suas demandas não estão "dentro" da esfera do Estado e, por estarem "fora" da dimensão oficial, decorre a necessidade de buscar um "órgão" que não só os reconheça, mas igualmente se constitua parte integrante de todo o arranjo comunitário. Assim, a Associação encontra-se legitimada para tomar as decisões que lhe convier, não só atuando como prestador mediacional, como também "julgando" conflitos através de "decisões" que produzem eficácia *erga omnes* no universo da favela.

Cabe ressaltar que a maior parte dos conflitos levados à Associação são demandas decorrentes de acesso à moradia. Aparecem com versões voltadas para o direito de construir moradias. Igualmente, versões conflituosas são referidas à invasão ou ocupação de espaços considerados pelos moradores como "públicos", ou seja, de uso comum. Outras vezes, tais espaços ocupados geram conflitos por serem considerados "privados", ou seja, de ocupantes que não puderam ainda construir suas casas, mas detêm a "posse" do terreno, ainda sem uso. Além disso, estão presentes outros conflitos de vizinhança sobre construções que prejudiquem a ventilação e a luminosidade, em locais públicos ou privados, e situações que envolvam negociações sobre "laje", como compra e venda, locação, separação e herança.

Citarei cinco casos, usando nomes fictícios, para exemplificar os tipos mais comuns de demandas levadas à Associação.

Caso 1: Maria, moradora de um prédio de quatro andares, reclama que João, proprietário do andar de cima, se nega a reparar um vazamento que está danificando a sala de sua quitinete. João alega que não deve reparar, pois já comprou a quitinete com esse problema e que deveria ter sido exigido o reparo do antigo morador.

Solução: João vai consertar o vazamento no prazo de 15 dias, mas Maria assume pintar sua sala, sem cobrar de João. Caso haja novo vazamento, João deverá não só consertar o defeito, como assumir quaisquer ônus decorrentes da infiltração.

Caso 2: Fernando comprou uma quitinete de Mário por R$12.000,00, ajustando entrada de R$10.000,00 e quatro parcelas de R$500,00, ficando Mário obrigado a reparar o sistema hidráulico da caixa-d'água e o emboço externo antes da última prestação. Como não foram feitos os reparos contratados, Fernando não quer pagar a última prestação, pois será obrigado a fazer os reparos a sua própria custa. Mário afirma que não fez as obras solicitadas, mas pintou todo o imóvel o que não estava no contrato, devendo ficar "elas por elas".

Solução: Como Mário pintou a quitinete, mas não fez os outros reparos, receberá a quantia de R$250,00, dando quitação da dívida a Fernando, que fará os reparos do sistema hidráulico e o emboço externo do imóvel.

Caso 3: Marcos alega que morava com Joana havia mais de 10 anos. Joana faleceu há três meses, sem deixar filhos. Como a quitinete estava no nome de Joana, quer regularizar a "propriedade" em seu nome na Associação. Alega ainda que fez várias benfeitorias no imóvel enquanto vivia com a companheira. No registro da Associação, não consta seu nome como companheiro.

Solução: Foi enviado um representante da Associação ao local onde Marcos residia com a companheira, para perguntar aos vizinhos se era verdadeira a alegação de vida em comum com a falecida, o que foi confirmado por todos: que eles viviam juntos há mais de 10 anos e que a mesma não possuía filhos. Sendo assim, a Associação reconheceu que Marcos deverá constar como "proprietário" no registro.

Caso 4: O imóvel de Sérgio possui área de serviço comum com o imóvel de Armando, que também é utilizada como servidão de passagem por outros vizinhos dos fundos, locatários do pai de Armando. Este quer dividir a passagem ao meio para que os locatários fiquem com área própria e não passem pela sua porta a toda hora. Sérgio alega que, se for dividida, a passagem não será suficiente para passarem móveis, em caso de mudança, ou na compra de um bem, como uma geladeira.

Solução: Armando não poderá dividir a passagem, pois o trecho em questão não faz parte do terreno que situa os imóveis de seu pai, sendo apenas uma servidão. Se construir um muro, este será derrubado.

Caso 5: Dez moradores de uma rua alegam que Márcio está construindo um prédio e invadindo a rua, que é espaço público, além de a construção impedir a circulação de ar em algumas quitinetes. Alegam ainda que o entulho da obra está sendo jogado no meio da rua, o que já ocasionou ferimento em uma criança, obrigada a levar pontos na perna. Mário diz que não está invadindo a rua, que o espaço faz parte do seu terreno, conforme sua "escritura". Observa também que sua construção não vai impedir a circulação de ar, que os vizinhos estão com inveja de sua obra e que o entulho fica durante a semana porque tem que juntar para o caminhão poder levar para o areal no sábado, não podendo recolhê-lo todo dia.

Solução: Um "fiscal de obras" da Associação foi enviado ao local e concluiu que a edificação não está invadindo o espaço da rua, pois o que chamam de rua, na realidade, era um terreno "particular" que foi usado indevidamente como espaço público, mas agora tem dono. Pelo tamanho e localização do prédio que está sendo erguido, não haverá problemas de ventilação, apenas um pouco de sombra, mas isso é normal na favela. Quanto ao entulho, o construtor será obrigado a colocá-lo do lado direito do prédio em construção, longe do local onde as crianças brincam.

Nota-se que os conflitos relatados são de natureza diferente e são resolvidos conforme uma lógica discricionária do poder local. Se nos casos 1 e 2 foi aplicado senso de proporcionalidade entre prejuízos recíprocos, no caso 3 foi realizada uma análise investigatória prévia (perícia) para dar solução ao caso, que dependia da palavra dos vizinhos, demonstrando, mais uma vez, como o critério da chancela pessoal se reveste de valor considerável no universo da favela. Cabe ainda pontuar que a constatação da união estável foi ratificada pela prova testemunhal, similarmente ao que ocorre nas ações declaratórias de constituição de união estável, consolidando, também, o empréstimo de práticas judiciárias para formar o convencimento daquele que devia dar a solução da situação encaminhada. Mais uma vez comprova-se a presença de adequação de modelos oficiais nas práticas oficiosas na realidade da favela como forma de organização social.

Vale ainda ressaltar, como lembra Max Gluckman (1968:259), o critério da razoabilidade usado pela Associação na solução desse conflito. A fim de decidir se Marcos teria ou não direito à "propriedade" da quitinete em nome de Joana, era preciso avaliar a ocorrência ou não de uma relação entendida juridicamente como união estável, ou, no dizer local, "casado sem papel".[70]

Gluckman (1968:253) lembra que a lei pode ser universal, mas as categorias que dela decorrem não o são. Portanto, não interessava quais os parâmetros que a sociedade em geral estabelecia para configuração de uma "relação de companheiros", mas sim a representação local, ou seja, o que os vizinhos de Marcos e Joana, em suas relações pessoais, elaboravam como configuradores de tal categoria. Dessa forma, foi o reconhecimento pelos vizinhos da qualidade de companheiros o elemento propiciador da transferência da "propriedade" da quitinete para Marcos.

No caso 4 a solução se deu por critérios práticos de titularidade. Se a passagem não pertencia ao dono do terreno onde se

---

[70] Nas entrevistas era comum o entrevistado, ao falar de seu estado civil, dizer que não era "casado no papel", o que significava "morar junto", ou, como alguns relatavam, "amigado com fé casado é".

localizavam as quitinetes alugadas, servindo tão somente como servidão para seus locatários, não poderia ser permitida a obstrução de terreno alheio sem a anuência de todos os proprietários. Já a solução do caso 5 partiu de um critério diametralmente oposto, pois o que era público deixou de ser por um princípio absolutamente discricionário da Associação, que fez valer seu poder institucionalizado em dizer o que é público e o que é privado. Vale compreender que o que foi espaço público poderá deixar de ser por critérios não revelados para todos.

Outro sentido da ampla atuação da Associação se verifica na prática registrária cartorial. Tal prática é de fundamental relevância na organização interna da favela no que diz respeito à aquisição imobiliária. Através de cada negociação realizada na Associação é feito um cadastro do "imóvel de morador". Assim, sabe-se a história das aquisições do imóvel, promovendo a segurança de que se está comprando daquele que efetivamente consta como titular do bem. Na realidade, a construção do modelo cartorial dentro da favela trará uma forma de regulamentação do mercado existente.

As negociações que envolvam aquisições de imóveis em Rio das Pedras podem passar pelo sistema cartorial existente na Associação; diga-se pode porque nem todas as negociações passam necessariamente por esse sistema cartorial oficioso. Contudo, há para os moradores um consenso segundo o qual somente haverá efetiva segurança na aquisição realizada quando a contratação perpassa pela via cartorial. Quando um imóvel está registrado na Associação de Moradores com sua titularidade, a negociação encontra-se protegida, respaldada por um valor jurídico e mercadológico, legitimando-a.

Certa vez perguntei a um senhor por que ele queria fazer o registro de sua negociação na Associação. Sua resposta foi imediata: "Só é dono quem registra!"

Percebe-se, destarte, que há uma analogia[71] entre os procedimentos usados na jurisdição oficial e aqueles adotados em Rio das Pedras. Uma forma de normalizar os conflitos locais com regras similares ao direito oficial. Seria a réplica de modelos estatais como instrumento, contemplados por alguma maneira de organização social. Formas imitativas de modelos referenciais, conforme salienta Gabriel Tarde (2000), ao adotar padrões semelhantes para se sentirem menos desiguais aos que têm acesso aos meios oficiais de aquisição da titularidade.

Senão vejamos: o atual modelo jurídico oficial regula a aquisição da propriedade imóvel que deriva de transações contratuais somente através do registro público realizado no Cartório de Registro de Imóveis, por força do artigo 1.245 do Código Civil brasileiro, que regula a matéria,[72] não bastando a celebração de um contrato de compra e venda para aquisição da propriedade, ainda que este também deva ser revestido de solenidade cartorial (instrumento público) por determinação do mesmo Código.[73] Todo esse aparato jurídico se justifica na segurança jurídica que o registro concede à circulação dos imóveis.[74]

Portanto, o modelo oficial empreende duas atividades cartoriais para se estabelecer a aquisição do direito de propriedade que verse sobre imóveis. Tais práticas estão fora do alcance dos

---

[71] O termo analogia aqui empregado encontra-se no sentido genérico de "semelhança" e não no sentido jurídico do termo.
[72] Art. 1.245 – Transfere-se entre vivos a propriedade mediante registro do título translativo no Registro de Imóveis.
[73] O artigo 108 do Código Civil afirma que a escritura pública é essencial à validade dos negócios jurídicos que visem à constituição, transferência, modificação ou renúncia de direitos reais sobre imóveis de valor superior a trinta vezes o maior salário mínimo vigente no país.
[74] Nesse sentido, ver Caio Mário (2003); Orlando Gomes (2004); e Maria Helena Diniz (2009).

moradores de favelas, porque suas aquisições não se estabelecem por meios considerados idôneos juridicamente. Dessa maneira, a favela adota um sistema de registro de seus contratos na sede da administração da Associação de Moradores, porque isso representa uma feição que, sendo própria do sistema oficial, ao existir na favela, corresponderia à segurança na aquisição de suas propriedades de fato, mesmo não sendo de direito, convertendo a prática registral local simbolicamente para as moradias de aquisição ilegal em legal. Seria, por certo, a informalização do direito estatal, como afirma Boaventura Santos (1982:17)

Em Rio das Pedras, geralmente são registradas duas espécies de contrato, dependendo da negociação executada: a primeira é denominada, pela Associação de Moradores, de "Instrumento de Cessão Particular de Direito de Posse com Benfeitorias"; a segunda, de "Instrumento de Cessão de Direito Real de Uso" – quando o imóvel já foi objeto de concessão de uso realizado pela Prefeitura e está sendo negociado entre o concessionário e um novo adquirente, ainda que o contrato original, realizado entre o ente público e o particular, não permita a negociação.[75]

Independentemente da espécie de contrato celebrado, as partes serão qualificadas como cedente e cessionário e o imóvel, objeto da negociação, será também descrito. Depois das identificações das partes e do imóvel, há transcrição de um texto padronizado em que o cedente declara ser possuidor, de forma mansa e pacífica, sem contestação ou interpelação de área da posse anteriormente identificada, transferindo ao cessionário todas as prerrogativas e

---

[75] Em anexo foram inseridos vários contratos celebrados pelos moradores de Rio das Pedras, para demonstrar como ocorrem as negociações imobiliárias e que passam pelo sistema cartorial da Associação de Moradores.

obrigações inerentes à posse de fato, e dando como certo e justo o documento celebrado na Associação em todos os seus termos, nada tendo a reclamar em juízo ou fora dele. Depois disso, é declarado o valor da transação.

Caso a negociação permita ao comprador o direito de ficar com a laje, a permissão deve estar expressa em cláusula, comumente escrita da seguinte maneira: "Com Direito de Usar a Laje."

Essa expressão é de vital importância, pois sua ausência pressupõe que o "direito de laje" não foi incluído na negociação. Portanto, o comprador não terá direito de construir na laje, ficando mantido para o vendedor o direito de fazê-lo, podendo, inclusive, negociá-lo posteriormente.

Na margem final do documento encontra-se uma observação (escrita como "aviso") que dispõe sobre a realização de obras e de alterações no imóvel. Diz o "aviso" que toda e qualquer alteração na construção do imóvel deve ser precedida de comunicação feita à Associação de Moradores; caso contrário, o cadastro perderá a validade, inclusive para compra e venda.

Perguntei qual o significado desse aviso a um diretor da Associação, que respondeu que esta tem de saber se a obra realizada está de acordo com as regras locais de construção.[76] Além disso, para que a construção passe a fazer parte do imóvel, deve ser efetuada a "averbação" do que foi construído após o registro do imóvel. Prática idêntica à executada pelo poder público, quando obriga a averbação de qualquer construção em imóvel já edificado para que o construído faça parte dos registros adminis-

---

[76] Ainda que haja certo consenso local sobre algumas regras de construção, não há nesse aspecto caráter taxativo ou rígido. Tais normas não estão dispostas, podendo oscilar conforme o caso apresentado, o que inclui, em certos momentos, a discricionariedade do poder local em "mudar" as regras conforme a situação.

trativos, inclusive tornando-se fato gerador para maior cobrança de IPTU.

Por fim, no instrumento assinam as partes e, às vezes, as testemunhas, sendo o documento arquivado na sede da Associação mediante pagamento de uma "taxa" de registro no valor de R$200,00 (preço atual), o que consolidará a sua chancela, constituindo, dessa maneira, a "propriedade" de seus "donos", ou seja, efetua-se a transferência do "direito", igualmente como acontece no modelo do Registro Geral de Imóveis (RGI), conferindo autenticidade aos documentos emitidos de forma semelhante à que ocorre nas certidões emitidas pelos órgãos públicos, consequência da fé pública, que gera presunção de que tais declarações são verdadeiras.

Desse modo, procura-se estabelecer uma fidelidade cartorial local que se institucionaliza no contexto da favela e, por que não dizer, mesmo fora dela, quando, por exemplo, um não morador, ao comprar um imóvel no interior da favela, se dirige à sede da Associação de Moradores para efetuar o registro de sua aquisição, reconhecendo o valor local que se institucionaliza na prática cartorial praticada por ela.

Muitas vezes são pessoas com interesses de especulação imobiliária, que compram imóveis na favela para alugar ou mesmo para exercer a atividade de "incorporação imobiliária"[77] com fins especulativos, ou mesmo pessoas que, apesar de morarem fora de Rio das Pedras, ao receberem algum imóvel como herança, se dirigem

---

[77] De acordo com a Lei nº 4.591/64, que dispõe sobre o condomínio em edificações e as incorporações imobiliárias, constante do art. 28, parágrafo único, na qual esclarece que incorporação imobiliária é a atividade exercida com o intuito de promover e realizar a construção, para alienação total ou parcial, de edificações ou conjunto de edificações compostas de unidades autônomas.

à sede da Associação para regularizar seus direitos, por reconhecer que a legitimação de sua "titularidade" está condicionada ao registro.

A eficácia do registro se mostra preponderante não só na constituição contratual particularizada, mas também se revelará importante na necessidade de comprovação de "titularidade" em casos mais complexos, como no incêndio ocorrido em 13 de agosto de 2006, quando cerca de 500 moradias da favela foram destruídas. Muitas vítimas desse acidente perderam todos os seus pertences, inclusive o imóvel. Porém, aqueles que tinham suas aquisições registradas na Associação puderam fazer prova de suas titularidades, sendo permitida a reconstrução de suas casas.

Outro fato que chamou a atenção da relevância do registro em Rio das Pedras foi o desenrolar da operação policial "Rolling Stones",[78] ocorrida em novembro de 2009, que, além de prender alguns líderes comunitários por suspeita de participação na milícia, apreendeu todos os documentos e computadores da sede da Associação de Moradores. O resultado foi a desarticulação da organização existente no controle de aquisições imobiliárias da favela, pois, a partir desse fato, quem realizasse alguma negociação que envolvesse imóveis não teria certeza da aquisição executada, porque tendo os arquivos apreendidos, a Associação não teria como assegurar as transações, o que inclui suas titularidades, valendo a palavra dos contratantes, posto que não havia cópias dos registros em outro lugar que não fosse a sede da Associação.

A interferência do Estado, nesse particular, manifestou-se como infortúnio para o funcionamento da estrutura organizacional da Associação e da favela como um todo, pois desprezou o

---

[78] Já citada anteriormente.

real significado que aqueles arquivos representam para a vida daquelas pessoas. Se por um lado os arquivos se mostram como constatação de arranjos negociais oriundos de práticas informais, portanto, passíveis de serem desprezados como elemento de grande relevância comunitária, revelando importância investigatória de possíveis crimes, por outro lado, a apreensão deles representou a desestruturação da auto-organização social obtida com grande empenho comunitário para fazer valer seu direito cidadão de acesso à moradia, negado pelo Estado, que além de não executar o direito básico para viabilizar esse acesso, lhes usurpa a materialização de todo esse esforço.

Diante do exposto, forma-se a ideia de que o registro praticado na Associação de Moradores é um mecanismo social utilizado como modo de proteger as aquisições imobiliárias, conferindo segurança e estabilidade ao funcionamento deste mercado. Denota um instrumento essencial de funcionamento da favela, de grande interesse local, pois reflete a interação dos moradores e suas respectivas formas de assegurar a regularidade possível de suas habitações, bem como um dos meios de autoinclusão no espaço social que constroem para superar a falta de garantias e de proteção que o Estado não lhes favorece.

O MERCADO IMOBILIÁRIO EM RIO DAS PEDRAS: LOCAÇÃO, COMPRA E VENDA – UMA ILEGALIDADE OU UMA REALIDADE?

O "direito de laje", destacado no meu trabalho, envolve aspectos contratuais que merecem apreço. Isso quer dizer que em Rio das Pedras existe um mercado imobiliário especificamente voltado para conceder acesso à moradia para segmentos menos favorecidos economicamente, mas nem sempre restrito a este segmento da população metropolitana do Rio de Janeiro, como já mencionei quanto à opção de certas pessoas de classe média baixa, atingidas pelo achatamento salarial dos últimos anos, de escolher morar nas favelas.

Essa realidade imobiliária tem grande avanço na ocupação do espaço urbano nas favelas do Rio de Janeiro, manifestando-se inclusive como uma forma de especulação e de significativa circulação de capital. Em Rio das Pedras, encontramos prédios de até 10 andares, com mais de 20 unidades, de diferentes "donos". Para ser ter uma ideia, foi encontrado, durante a pesquisa, nos arquivos imobiliários da Associação de Moradores, uma "escritura" de cessão particular de direito de posse, cuja negociação versou sobre uma área térrea além do terceiro e quarto andar de um prédio, no valor de R$240.000,00 (duzentos e quarenta mil reais). Tal negociação visou à construção de quitinetes para locação.[79]

A título de ilustração, menciono a entrevista com uma moradora da Rua Velha. Ela reside em Rio das Pedras há mais de 30 anos. Seu primitivo barraco de madeira tornou-se, segundo seu relato, "um castelo" – que ela não venderia por menos de R$100.000,00.[80] Trata-se de um prédio edificado em aproximadamente 60 m², com três andares, seis quitinetes distribuídas nos dois primeiros andares e um apartamento situado no último andar, usado como moradia da proprietária. O valor das benfeitorias realizadas na construção lhe permite, segundo sua avaliação, "alugar bem" as quitinetes, inclusive porque a Rua Velha é um ponto considerado privilegiado, que se localiza no centro da comunida-

---

[79] Há cópia de tal transação no anexo relativo aos contratos executados em Rio das Pedras.
[80] Avaliação da moradora no ano de 2008.

de, com farto comércio. Ainda de acordo com seu depoimento, a locação das quitinetes lhe rende mensalmente R$ 2.400,00 brutos (sem incidência de impostos).

Essas e outras nuanças permitem constatar que há inúmeras articulações de um mercado plural, que ensejará a necessidade de estruturar mecanismos de ordenação e controle que visem a tornar exequível a vida comunitária e que, apesar de apresentar-se como resultado de fatores segregadores, são convertidos em instrumentos de interação não só de cunho econômico, como de conteúdo social.

O MERCADO DAS LOCAÇÕES

O mercado das locações se manifesta tão intenso quanto o de compra e venda e, junto com a construção, fomenta o mercado imobiliário como um todo. A locação[81] é uma forma contratual comum de ocupação de moradias na favela. Há significativo contingente de pessoas que passam a morar em Rio das Pedras por esse sistema contratual. Contudo, as negociações locatícias também concebem práticas negociais que associam as regras aplicadas no mercado formal e regras locais, que passo a descrever.

Um primeiro ponto que se destaca é que, em Rio das Pedras, a locação é feita sem qualquer garantia fidejussória.[82] Raras foram às vezes em que me deparei com a prática do depósito, garantia ainda

---

[81] Contrato de locação aqui compreendido como aquele em que o objeto é a transferência da posse direta do imóvel mediante remuneração.
[82] Também chamada garantia pessoal, expressa a obrigação que alguém assume, ao garantir o cumprimento de obrigação alheia – caso o devedor não o faça, como ocorre na fiança ou no aval.

existente no mercado formal, quando o locatário oferece três vezes o valor da locação como caução para garantir ressarcimento em caso de eventuais danos que não forem reparados no imóvel no decorrer da locação.

Na favela de Rio das Pedras, a maneira habitual de iniciar uma contratação locatícia é a intermediação, que consiste na indicação de uma pessoa conhecida a outra, que seja proprietária de um imóvel disponível para locação. Esse costume confirma o valor das redes pessoais. Conhecer alguém para o ingresso na favela supera qualquer garantia pecuniária, justificável pela necessidade de construção de regramentos esteados na confiança, similarmente ao que se entende no princípio pressuposto da boa-fé objetiva, presente, conforme definição da cultura civilista brasileira, em todos os negócios jurídicos amparados pelos estatutos jurídicos postos.

Entretanto, ao contrário das contratações reconhecidas legalmente, em que tal princípio decorre independentemente da pessoalidade existente na negociação, o que vale compreender é que a boa-fé objetiva se estrutura como um dever de honestidade, uma conduta objetiva não condicionada a qualquer conhecimento pessoal prévio entre os contratantes. Nas contratações locatícias de Rio das Pedras, a "boa-fé" deve se estabelecer por critérios prévios que perpassam pela reputação do locatário, que será constatável com assentimento de outro morador.

Como os contratos de locação são baseados em redes pessoais, portanto, em que a confiança mútua possui valor fundante, a forma verbal se reproduz com intensidade nas contratações. Há um pressuposto de que a palavra dada condiciona, por si, a validade do contrato em todas as suas cláusulas. Em decorrência das limitações impostas ao capital econômico, como assevera Bourdieu (2001), o capital social assume preponderância nos tratos pessoais a tal ponto que superam as regras de mercado rigidamente concebidas, ajustando reciprocidade e solidariedade nas composições mercadológicas.

De fato, apesar de não existir um instrumento de fiança na especificação contratual, há um afiançamento por parte daquele que apresenta o candidato à locação.

Várias cláusulas contratuais são oriundas de costumes comunitários, que valem, independentemente do que possa existir nas formulações jurídicas, como ocorre no caso de inadimplemento do inquilino, o que possibilitará a retomada do imóvel objeto da locação. A maneira como se dá essa retomada é bem peculiar em Rio das Pedras, posto que é socializada na favela a ideia de que, em caso de inadimplemento de alguns meses ou mesmo de apenas um mês, pode o locador retomar com mão própria o imóvel, além da possibilidade de reter alguns bens móveis para compensar os meses que não foram pagos. Os bens que não forem utilizados na compensação poderão ser encaminhados para a casa de amigos ou parentes do inquilino, ou mesmo ser deixados em algum lugar de propriedade do locador, numa espécie similar de "depósito público".[83]

Um proprietário que dispõe de várias quitinetes para locação informou que um dos problemas de Rio das Pedras nesse quesito é a forte presença de imigrantes nordestinos na favela, pois alguns vão visitar as famílias no Nordeste e "se esquecem" de pagar os aluguéis. Assim, não lhes resta outra maneira que não seja a retirada dos bens. Ele retém aqueles necessários para compensar o inadimplemento e envia o restante para um pequeno galpão

---

[83] Assim interpretei a situação como advogada que exerceu a advocacia imobiliária.

que possui para essa finalidade. De acordo com o relato, o imóvel não pode ficar parado, sem destinação, porque "sempre tem gente querendo alugar quitinete em Rio das Pedras". Dependendo do lugar em que está localizado o imóvel, "esvazia de manhã e à tarde já tem novo locatário".

Os conflitos resultantes dessas práticas também costumam ser levados à Associação, que administrará a situação. Observei que não havia qualquer resistência quanto à prática de retirada de bens do devedor por parte da Associação, apenas um ou outro contestava se os bens retidos a título de compensação não excederiam o valor do inadimplemento.

Em alguns casos, a milícia participa do "despejo", principalmente quando o inquilino se torna persona non grata na favela. Isso quer dizer que o "despejo" é possivelmente motivado por atitudes antissociais do locatário, que podem perpassar por um conjunto de posturas valoradas como abusivas, denunciadas pelos vizinhos a algum representante da milícia para "tomar uma providência". A utilização de drogas ou a prática de "orgias", além de reiteradas brigas familiares e com vizinhos, são algumas das atitudes consideradas indevidas e relatadas por estes, tidas como violadoras do convívio familiar e comunitário; portanto, entendidas como antissociais e que podem vir a ensejar o "despejo" pela milícia.

Quando ocorre essa prática, poderá o locador, após a retirada dos bens do interior do imóvel, locá-lo mais uma vez, não incorrendo em qualquer necessidade de pagamento indenizatório por extinção contratual antes do aprazado, porque, segundo o costume local, o contrato foi desfeito por quebra de decoro do inquilino, que não adotou comportamento adequado às regras comunitárias, ficando este sem qualquer direito à indenização.

Porém, antes que haja a retirada compulsória, há prévia comunicação ao morador quanto as suas atitudes, uma advertência para que altere seu comportamento social. Uma vez não recepcionada, a advertência poderá ser consubstanciada na retirada não só dos bens, como também da própria pessoa do espaço geográfico da favela, o que corresponde a proibir o seu reingresso sem permissão da milícia, sob pena de responder com a própria integridade física.

O prazo de vigência contratual geralmente é indeterminado. Os reajustes não seguirão, necessariamente, os índices oficiais, como IGPM ou IPC. O aumento do aluguel dependerá de cada caso, principalmente da relação que existirá entre locador e locatário, pois, sendo considerado um bom cumpridor de suas obrigações, o locatário poderá manter-se no imóvel por período superior a um ano sem qualquer reajuste.

O pagamento do aluguel geralmente é antecipado, bastando saldar o primeiro mês para o inquilino tomar posse do imóvel. Outro dado importante a ressaltar é a não exigência de quaisquer documentos, como carteira de identidade (RG), cadastro de pessoa física (CPF), muito menos comprovante de renda.

Caso não haja interesse em manter o contrato, o que pode se dar, inclusive, pela não aceitação do reajuste do aluguel, feito em princípio verbalmente, é estipulado prazo para desocupação do imóvel, geralmente de um mês.[84]

---

[84] As regras locais assemelham-se às regras postas na Lei do Inquilinato (8.245/91), quando dispõe, em seu artigo 57, que "o contrato de locação por prazo indeterminado pode ser denunciado por escrito, pelo locador, concedidos ao locatário trinta dias para a desocupação". Igualmente se dá nas situações em que morre o locador, assumindo os herdeiros o contrato de locação existente, como estabelece o artigo 10 da mesma lei, ao determinar que, "morrendo o locador, a locação transmite-se aos herdeiros".

Vale destacar que, como essas práticas envolvem relações com bastante ênfase na pessoa dos contratantes, as regras vigentes são sempre flexibilizadas conforme o que melhor atender ao interesse das partes. Assim, se um inquilino encontra-se desempregado, haverá a possibilidade de uma diminuição no valor do aluguel por certo prazo, ou mesmo em caráter permanente, se este, por alguma razão, vier a ter redução de seu salário.

Nota-se que há uma série de ajustamentos para que o mercado sobreviva às vicissitudes da vida, na medida em que os interessados são sensíveis às realidades, pois elas influenciam diretamente na manutenção da sobrevivência na favela. Tais percepções acabam por abrir outras oportunidades, como trabalho local, quando há preferência, por exemplo, em utilizar a mão de obra do morador na construção civil ou mesmo na atuação da corretagem de imóveis, que sempre é realizada por algum morador que busca, de preferência em outros moradores, potenciais compradores ou locatários ou alguém indicado por eles.

Os valores dos aluguéis praticados variam de acordo com a localização geográfica dos imóveis, bem como o estado do mesmo. Percebi, contudo, que a localização contribui para melhor cotação do aluguel, o que também será manifesto nas contratações que envolvam compra e venda.

Encontrei as seguintes variações, em média, no que tange aos valores locatícios que envolvam quitinetes, forma habitacional mais encontrada na favela em questão.[85]

---

[85] Não examinei os imóveis comerciais, apesar de observar a existência de um forte mercado nesse contexto, o que gera consideráveis valores. Todavia, como o presente trabalho objetiva o direito de moradia, optei por fazer o recorte de análise somente em imóveis residenciais.

1. São Bartolomeu – R$350,00 a R$600,00
2. Pinheiro – R$300,00 a R$400,00
3. Rua Velha – R$300,00 a R$380,00
4. Rio Novo e Rio das Flores – R$300,00 a R$350,00
5. Engenheiro – R$250,00 a R$300,00
6. Areal I – R$250,00 a R$280,00
7. Areal II – R$250,00 a R$260,00
8. Areinha – R$200,00 a R$250,00

Os valores podem oscilar, entretanto. Parti da média encontrada nas áreas elencadas acima, segundo avaliações colhidas entre locatários locais. Os valores praticados nessas áreas são determinados a partir de méritos reputados pelos moradores de cada região, como localização, infraestrutura, tipo de vizinhança, condições do imóvel etc. Assim, os imóveis no conjunto São Bartolomeu são mais valorizados em função de sua localização privilegiada e toda infraestrutura existente, ao passo que na Areinha, pela ausência dessas condições e da proximidade do pantanal, o valor pode chegar a R$200,00 ou até menos.

COMPRA E VENDA: MULTIPLICIDADE NEGOCIAL

Já no caso da aquisição do imóvel, a compra e venda articula-se por variadas formas negociais. Independentemente da terminologia empregada, o sentido da negociação para os contratantes é de contrato de compra e venda, como se estivessem adquirindo um imóvel por vias formais, como foi em um caso específico em que estava sendo celebrado um "contrato de cessão particular de direito de posse com benfeitorias". Ao perguntar às partes o que celebravam, a resposta de uma delas foi: "Contrato de venda. Aqui (no documento) está escrito uma coisa, mas a gente sabe que é venda de uma quitinete. O que vale é o que a gente sabe que é."

Como já pontuado anteriormente quanto à atuação da Associação no exercício cartorial, geralmente são negociados os contratos de "Instrumento de Cessão Particular de Direito de Posse com Benfeitorias" e "Instrumento de Cessão de Direito Real de Uso". Para executar a aquisição de bens imóveis, todavia, também encontrei outras formas negociais de aquisição que não eram levadas ao registro da Associação, mas feitos em escritórios particulares de advogados ou em administradoras de imóveis existentes em Rio das Pedras.

Observei as seguintes modalidades negociais feitas nessas situações, além daquelas descritas: "Escritura Particular de Compra e Venda", "Promessa de Compra e Venda" e "Escritura Particular de Compra e Venda de Benfeitorias". Nos dois casos percebi que poderiam ser adequadas várias formas de contratação, versando ou não a possibilidade de incluir o "direito de laje", desde que fosse mencionada textualmente no contrato a possibilidade de inclusão. Todavia, notei que, geralmente, quando se tratava de negociação que envolvesse apenas a "laje" já construída, o contrato era de "Escritura Particular de Compra e Venda de Benfeitorias".

Também constatei que nas transações que envolviam a atividade da "incorporação imobiliária" – o que estava sendo adquirido seria demolido e erguido em seu lugar um prédio com unidades autônomas (quitinetes), que seriam comercializadas mesmo antes de construídas – a forma negocial mais executada era a "Escritura Particular de Compra e Venda".[86]

---

[86] Como já observado em nota número 71, encontram-se em anexo vários instrumentos de transações imobiliárias, como forma de demonstração das negociações executadas na favela de Rio das Pedras.

Nessa feição, a figura do incorporador se vale de grande importância, pois, ao passo que constrói o prédio que será objeto de futura locação ou venda de suas unidades, poderá ainda atuar como financiador do imóvel pretendido, caso o interessado não disponha de meios para adquiri-lo. Assim, a alienação do bem é possibilitada pela compra a prazo, em que não necessariamente será preciso oferecer quaisquer garantias (cheques ou notas promissórias), apenas a celebração de um contrato escrito (modalidades já descritas), no qual será estipulada, em cláusula específica de financiamento, a forma de pagamento.

Quando ocorrem essas contratações que não passam pela Associação de Moradores, esta não se responsabiliza pelas aquisições, pois elas não estão autenticadas pela chancela do poder local, gerando certa insegurança, conforme dito por um diretor da Associação: "Quem não registra na Associação não pode reclamar depois. Aqui nós damos segurança, temos como saber a história do imóvel. Quem não faz (contratação) pela Associação não sabe se realmente está comprando do dono. Teve casos de gente que vendeu a mesma quitinete para três pessoas, e aí vem (comprador) aqui pra gente resolver. Faz errado e nós que temos que consertar".

Em que pese a argumentação do diretor, acompanhei algumas transações referentes à aquisição de imóveis realizadas por "incorporadores" que atuam na favela, sem que as contratações fossem feitas na Associação de Moradores e que, portanto, não gozariam da segurança que justifica o sistema registral local. Contudo, tais edificações devem passar pelo crivo da aprovação da Associação necessariamente. Nenhuma grande[87] construção se ergue em Rio

---

[87] O termo "grande" deve levar em consideração a realidade local.

das Pedras sem autorização do poder local, sem que haja prévia combinação de como será realizada a obra.

Percebe-se que há ajustes e manuseios das regras locais quando há envolvimento de interesses do grupo que controla a favela, sem que isso se reflita em atendimento de necessidades coletivas.

Mas, no geral, os manejos que constroem o arcabouço "jurídico" das aquisições reforçam o mercado imobiliário local existente, valorizando sensivelmente aqueles imóveis que possuem "registro" e que são derivados de práticas contratuais, como se a contratação "legalizasse" a precariedade originária da ocupação. Dessa maneira, os valores de mercado resultam de uma série de informações que os moradores julgarão como indicativos de maior ou menor importância econômica, em que a registrabilidade será um deles.

O critério da localização se revelou outro elemento de importância relevante no mercado de compra, como igualmente ocorre no mercado das locações. Sua situação geográfica se mostrou com destaque no cálculo final de valoração do imóvel.

Nesse caso, a localização não só se valerá de critérios territoriais ou em razão da proximidade de centros de consumos da favela, mas também "morar próximo de proprietários", significando que os moradores são, em princípio, proprietários de seus imóveis e não locatários. Assim, por exemplo, uma quitinete no conjunto São Bartolomeu, apesar de ter 22 m² em média (enquanto aquelas encontradas nos conjuntos Rio Novo e Rio das Flores têm 28 m², em média), ainda é portadora de melhores condições para compra, haja vista que seus moradores são, na maioria, proprietários. De acordo com estes, "o proprietário é mais zeloso no trato dos bens que são de uso comunitário, como a limpeza de espaços comuns, o que inclui a própria rua, além de melhor convívio com os vizinhos".

A título de ilustração, cito abaixo os valores médios praticados na venda de quitinetes ou lajes em Rio das Pedras, com ou sem direito a construir futuramente.[88]

1. São Bartolomeu – R$30.000,00
2. Pinheiro – R$22.000,00
3. Rua Velha – R$21.000,00
4. Rio Novo e Rio das Flores – R$20.000,00
5. Engenheiro – R$18.000,00
6. Areal I – R$17.000,00
7. Areal II – R$15.000,00
8. Areinha – R$14.000,00

Fica perceptível que são estabelecidas redes sociais e econômicas que se valem de mecanismos suficientes para que haja alcance da moradia, servindo-se de instrumentos seguros na esfera local como forma de autoinclusão no próprio espaço social, validando-se como categoria relevante na análise das relações sociais, pois vinculam os indivíduos num mesmo campo social (Barnes, 1987).

Na percepção da segurança de seus instrumentos, reproduzem termos próprios dos instrumentos públicos que versem sobre aquisição de imóveis. A adoção de fórmulas jurídicas da linguagem cartorial oficial vai dotar as negociações de valor jurídico, porque a legitimação da transação não se encontra no entendimento do que está escrito essencialmente, mas na fórmula jurídica executada.

Isso é constatado, por exemplo, na cláusula em que o vendedor declara que o imóvel se encontra livre e desembaraçado de qualquer ônus judicial ou extrajudicial, arresto, sequestro, foro

---

[88] Valores referentes ao ano de 2010.

ou pensão e hipoteca, estando quite de impostos, taxas e demais tributos fiscais. Em se tratando de ocupação irregular, tais ônus não são devidos, pela própria inexistência de incidência deles aos imóveis que são objeto de posse, precária, no geral; mesmo assim, são replicados como forma de dar segurança e certeza da negociação.

Outros termos utilizados, como evicção,[89] clausula constituti,[90] ilustram como as feições formal e informal se aliam. Essas feições, ao se ajustarem, vão compor uma realidade social organizada e estruturada para viabilizar a "propriedade" de suas mercadorias, conferindo-lhes função social enquanto bens essenciais da vida.

Independentemente das formas negociais praticadas, fica claro que em Rio das Pedras elas apontam para um único sentido: a aquisição da "propriedade", não importando qual o meio contratual utilizado. As transações pretendem consolidar a "compra e venda", se autenticando simbolicamente como aquisições de propriedade. Portanto, se valem as partes como "donos" efetivos.

Por fim, percebe-se que, ao estabelecer esses mecanismos desconsiderados não só pelo direito como pela própria estrutura urbana da grande cidade, seus moradores acreditam expor sua capacidade de reagir à exclusão a que são submetidos. O contexto de consumo imobiliário, derivativo de consistente inventividade comunitária, constrói alternativas de integração social, com um modo de vida e de apropriação de bens, cuja moradia surge como base de acesso a outros bens. Como diria Martins (2002), recons-

---

[89] Perda total ou parcial da coisa adquirida, por sentença judicial ou ato administrativo, em favor de terceiro, que tem direito anterior.
[90] Redigida na escritura, garante ao comprador também a posse, transferida ao adquirente através de cláusula contratual.

truindo o tecido social rompido, regenerando rapidamente aquilo que falta para situar-se interpretativamente na realidade que parece empurrá-los para fora do mundo dos que vivem a versão oficial da cidade.

As articulações no mercado, portanto, vão cumprir um papel importante na medida em que viabilizam o atendimento dos interesses e das necessidades da própria favela, transformando o "ilegal" em produtos que se normalizam a partir da conjunção dos instrumentos econômicos e "jurídicos", adaptados que são à realidade local para objetivar a interação da vida social, trazendo consciência coletiva de seus significados.

Essas negociações são construções comunitárias, cujos mecanismos guardam a mesma representação simbólica entre as partes e a própria coletividade; por conseguinte, são práticas legitimadas. Essa representação simbólica possibilita a sensação de estar em um regime de segurança, pois são providos por institutos sociais similares aos jurídicos que não estão ao alcance dos moradores de favelas. Logo, essas formas compõem-se de conteúdo de amparo e tutela que refutam a ausência pública.

V
AS COMPLEXIDADES LEGAIS PARA AQUISIÇÃO DO DIREITO DE PROPRIEDADE COMO IMPASSE NA EXECUÇÃO AO DIREITO DE MORAR – A CIDADANIA EM QUESTÃO

Neste capítulo, pretende-se explicitar as complexidades da legislação para a aquisição do direito de propriedade como verdadeiros impasses na execução ao direito de morar. Por via consequente, a própria cidadania brasileira é questionada, uma vez que tais implicações inviabilizam a milhares de brasileiros ver e experimentar a intensidade da dignidade humana como princípio basilar esculpido na Constituição brasileira, motriz, por ordem teórica, da base da cidadania no Brasil, posto que a moradia se encontra elencada no rol dos direito sociais.

Por fato, nota-se que o arcabouço jurídico existente não dá conta das várias formas de organização social que surpreendem a lei, como é o caso do "direito de laje", minando o universo das variadas maneiras de apropriação de bens e possibilitando a execução de moradias por segmentos populacionais empobrecidos que se veem alijados do sistema formal de aquisições e, portanto, não são reconhecidos como legítimos detentores de possibilidades jurídicas para adquirir o direito de propriedade como é formatado na textura da legislação brasileira.

Como se verá, os sistemas jurídicos e judiciários refletem resistência a que determinados atores sociais venham a ser legitimados a adquirir o direito de propriedade tal como é concebido na lei, razão que faz a inviabilização aquisitiva por meios formais de moradias, a despeito de ser uma necessidade essencial à vida das pessoas.

Essa refutação pode ser constatada mesmo quando se estrutura políticas públicas que objetivam a "concessão" de direitos por parte do poder público. Como ilustração, pontua-se o programa federal "Papel Passado", destinado a dar títulos de propriedade a famílias que moram em áreas carentes, através de regularização fundiária sustentável.

Conforme justificativa encontrada no site do Ministério das Cidades,[91] entende-se por Regularização Fundiária Sustentável: "O processo envolve a regularização urbanística, ambiental, administrativa e patrimonial. A dimensão urbanística implica garantir a integração do assentamento à cidade formal, melhorando as condições de infraestrutura urbana, acessibilidade, mobilidade e disponibilidade de serviços públicos. A dimensão ambiental busca a melhoria das condições do meio ambiente, incluindo o saneamento, o controle de risco de desastres naturais, a preservação e a recuperação da vegetação e de cursos d'água. A regularização administrativa e patrimonial trata do reconhecimento do direito à moradia, por meio de títulos registrados em Cartório de Registro de Imóveis e de processos que assegurem a permanência da população nas áreas ocupadas, resultando na inserção desses assen-

---

[91] http://www.cidades.gov.br/secretarias-nacionais/programas-urbanos/biblioteca/regularizacao-fundiaria/textos-diversos/regularizacao-regularizacao-fundiaria-e-governo-federal /programapapelpassado.pdf. Data de acesso: 09/01/2011.

tamentos nos mapas e cadastros da cidade. Todas essas dimensões devem ser garantidas e combinadas, nos programas municipais e estaduais de regularização fundiária."

O programa foi lançado em 2003 no governo Luiz Inácio Lula da Silva, com a meta de atingir um milhão de famílias até 2006. Desse total, era também objetivo atingir 364.000 famílias com títulos registrados em cartórios de suas propriedades; contudo, segundo fonte do próprio Ministério das Cidades, apenas 84.980 famílias obtiveram esse direito até o ano de 2006.[92]

Em matéria publicada pelo jornal *O Globo*, em 2 de maio de 2010,[93] com o título: "Escreveu, mas não escriturou", a ex-secretária de Habitação da cidade de Natal, Diana Motta, que executou um programa de regularização de vilas em Potiguar, afirma as dificuldades do processamento de regularização de propriedades: "Temos que superar gargalos para agilizar a tramitação da regularização de propriedades no Brasil. Alguns procedimentos poderiam ser simplificados."

De acordo com a matéria jornalística, um dos entraves se encontra na "má vontade dos cartórios".

Para explanar as questões preliminares já levantadas, é necessário esclarecer como o direito de propriedade veio a ser estruturado juridicamente nos textos legais que ditaram sua disciplinação na organização jurídica patrimonial no Brasil, de maneira especial a codificação civil, por ser esta a principal base jurídica, não só de concepção normativa do direito de propriedade, mas, sobretudo, de sua aquisição.

---

[92] http://www.cidades.gov.br/secretarias-nacionais/programas-urbanos/biblioteca/regularizacao-fundiaria/textos-diversos/regularizacao-regularizacao-fundiaria-e-governo-federal/relatorio-das-acoes-do-programa-papel-passado-setembro-2006/PRESIDENCIADAREPUBLICAsetembro2006.pdf.
Data de acesso: 09/01/2011.
[93] Caderno: "O País", p. 3.

A AQUISIÇÃO NEGOCIAL DO DIREITO DE PROPRIEDADE NO SISTEMA JURÍDICO BRASILEIRO: A OPÇÃO PELO SISTEMA REGISTRAL

O atual Código Civil, assim como o anterior (1916), não definiu o direito de propriedade; preferiu, em seu artigo 1.228, enunciar os poderes do proprietário: "o proprietário tem a faculdade de usar (*ius utendi*), gozar (*ius fruendi*) e dispor da coisa (*ius abutendi*), e o direito de reavê-la do poder de quem quer que injustamente a possua ou detenha (*rei vindicatio*)."

Resumidamente, pode-se compreender que a propriedade é o direito que o proprietário tem de usar, gozar e dispor da coisa, além de reivindicá-la de quem injustamente a possua. Várias faculdades jurídicas reunidas em um só direito, que vão possibilitar que o proprietário exerça, na esfera do sistema da apropriação de bens, várias atribuições jurídicas que lhe são reconhecidas legalmente. Na esfera da aquisição do direito de propriedade, no entanto, o Direito brasileiro adotou dois sistemas que, juntos, viabilizam sua concretude na esfera dos negócios jurídicos onerosos,[94] ou seja, para ser titular do direito em questão, o sujeito deve cumprir exigências de dois sistemas jurídicos associados, para engendrar a titularidade toda vez que a aquisição do direito for instrumentalizada por um negócio feito entre vivos.

O primeiro sistema seria a necessária celebração de um contrato, aqui compreendido na propugnação de Caio Mário (2006), como o acordo de vontades na conformidade da lei e com a finalidade de adquirir, resguardar, transferir, conservar ou modificar

---

[94] Negócio jurídico aqui compreendido na acepção de Caio Mário (2006:478): toda "declaração de vontade, emitida de acordo com o ordenamento legal e geradora de efeitos jurídicos pretendidos".

direitos, sendo a compra e venda a espécie contratual mais utilizada nas composições negociais que visam à aquisição onerosa de bens (Gomes, 2000:221).

Em se tratando de bens imóveis, a validade do contrato de compra e venda é permeada por uma exigência legal, que se denomina como transcrição do título. Consiste na elaboração de um contrato celebrado em cartórios oficiais, assumindo feição de instrumento público por ordem do artigo 108 do Código Civil, que impõe como rigor de validade e, portanto, de existência legal a instrumentalidade cartorial, para que o contrato produza efeitos jurídicos.[95] Nesse quesito apresenta-se como contrato solene, pois sua forma integra a substância do ato. Contudo, além desse rigoroso controle estatal sobre as contratações imobiliárias, incluem-se, no rol de exigências para aquisição imobiliária na espécie contratual em comento, inúmeras certidões pessoais do comprador e do vendedor, além de certidões do próprio imóvel. Sem contar com os emolumentos que devem ser pagos tanto na transcrição do contrato como no próprio registro imobiliário. Acresce-se ainda o pagamento do imposto de transmissão, o ITBI, que corresponde a 2% do valor de mercado do imóvel ou do valor declarado, conforme o caso. Nas hipóteses em que a autoridade fiscal não concorda com o valor declarado pelo contribuinte para a transação, o imposto é lançado mediante arbitramento da base de cálculo, que é feito a partir de critérios tecnicamente reconhecidos para avaliação de imóveis.[96]

---

[95] Art. 108. "Não dispondo a lei em contrário, a escritura pública é essencial à validade dos negócios jurídicos que visem à constituição, transferência, modificação ou renúncia de direitos reais sobre imóveis de valor superior a trinta vezes o maior salário mínimo vigente no país."

[96] Segundo informações obtidas no site da Secretaria Municipal da Fazenda/RJ. www2.rio.rj.gov.br/smf.

Cabe ressaltar que a situação negocial ainda se encontra, nesse patamar, na esfera das obrigações, pois, no ordenamento jurídico brasileiro, "a compra e venda é o contrato pelo qual uma das partes se obriga a transferir a propriedade de uma coisa à outra, em contraprestação, determinada soma de dinheiro ou valor fiduciário equivalente" (Gomes, 2000:221), limitando-se, portanto, a gerar uma obrigação de transferir classificada na teoria geral das obrigações civis de obrigação de dar. Seus efeitos são meramente obrigacionais, servindo-se de título de aquisição. Em síntese: o comprador ainda não é o proprietário, apenas credor da obrigação da entrega da coisa a ser adquirida, mesmo que já se encontre na posse do imóvel. O cumprimento do contrato está atrelado ao segundo sistema cartorial, realizado na registrabilidade, efetivado no Registro Geral de Imóveis, que também se dá por força de lei, de acordo com o artigo 1.245 do Código Civil vigente, ao impor que a transferência do bem imóvel só se dará após o efetivo registro no cartório competente.[97]

Nesse aspecto, cumpre salientar algumas reflexões pela escolha, no Brasil, da via registral para a concretização da aquisição do bem imóvel, diferentemente de outros sistemas jurídicos, que optam pelo sistema da consensualidade, adotando os contratos com eficácia real e, portanto, concedendo-lhes instrumentalização suficiente para transferir o direito de propriedade, como ocorre no sistema jurídico francês, por exemplo.

Caio Mário (2003) salienta que a opção em dotar o registro com força aquisitiva da propriedade imobiliária decorreu da entrada em vigor do Código Civil de 1916, que, inspirando-se no Có-

---

[97] Art. 1.245 – "Transfere-se entre vivos a propriedade mediante o registro do título translativo no Registro de Imóveis."

digo Alemão (BGB – Bürgerliches Gesetzbuch) de 1900, elaborou uma ordem classificatória na disposição dos "direitos privados" ali disciplinados. Esse critério determinou as quatro categorias de relações jurídicas indicadas na organização sistemática do código de então sob a denominação de direitos da família, das coisas, das obrigações e das sucessões.[98]

Tal proximidade com o direito civil alemão não se deu exclusivamente na ordem de disposição encontrada no código de 1916. Em particular, no direito das coisas,[99] essa influência se manifestou fortemente.

Clóvis Beviláqua, autor do projeto do Código Civil brasileiro em 1899, observa em sua obra *Direito das coisas* (1942) que o código de então privilegiou a aquisição da propriedade imóvel nos negócios inter vivos, pelo regime do registro cartorial. Ideia traduzida no artigo 605 do projeto de Código Civil elaborado pelo jurista.[100]

"Art. 605. Adquire-se a propriedade imóvel, entre vivos:
a) Pela inscrição, no registro predial, do título hábil, para transferi-la."

Essa concepção registral de aquisição advém, segundo o jurista, de bases germânicas, pois, enquanto na França a exigência legal da transcrição veio criar uma eficácia puramente relativa e, portanto,

---

[98] Nesse sentido, ver as observações para "esclarecimento do Código Civil brasileiro" em Clóvis Beviláqua, *Projeto do Código Civil* – Volume II. Imprensa Nacional. RJ, 1902.
[99] No conceito de Caio Mário, o direito das coisas deve ser compreendido como aquele que traduz uma dominação sobre a coisa (bem), atribuída ao sujeito, sendo oponível *erga omnes*. (PEREIRA, 2003:01).
[100] Na redação final do Código Civil de 1916, a aquisição da propriedade imóvel pelo registro imobiliário veio a ser consagrada no artigo 530, inciso I.

propugnou que a propriedade imóvel poder-se-ia tranferir pela simples força do contrato,[101] o sistema germânico assumiu que, do contrato, somente se consolida a força obrigacional das vontades declaradas, derivando-se, por essa ordem, eficácia tão somente obrigacional, não gerando a transferência da propriedade, que se dará exclusivamente no momento da transcrição no cartório imobiliário.[102]

Para Beviláqua, a eficácia real concedida aos contratos que versassem sobre transações imobiliárias não se coadunava com o caráter absoluto do direito de propriedade (1942:326). Daí decorrer a necessidade que se impôs, segundo o autor, de reconhecer, na transcrição, o modo normal da transferência da propriedade imóvel.

A aderência à teoria da transcrição registral já estava instalada no Brasil mesmo antes de Clóvis Beviláqua. Teixeira de Freitas, em sua *Consolidação das leis civis*, de 1858, e, posteriormente, *Esboço*

---

[101] É comum encontrarmos nos manuais de direito civil brasileiro, que discorrem sobre aquisição do direito de propriedade, a distinção do sistema da consensualidade praticada na França e o sistema registrário aplicado na Alemanha, como forma de explicar a adoção deste no Brasil. No código civil dos franceses, artigo 711, há disposição de que a propriedade dos bens se adquire e se transmite por sucessão, por doação entre vivos ou testamentária e por efeito das obrigações, deixando claro a consequente transferência do direito de propriedade que o contrato gera.

[102] Artigo 873 do BGB: *Erwerb durch Einigung und Eintragung: (1) Zur Übertragung des Eigentums an einem Grundstück, zur Belastung eines Grundstücks mit einem Recht sowie zur Übertragung oder Belastung eines solchen Rechts ist die Einigung des Berechtigten und des anderen Teils über den Eintritt der Rechtsänderung und die Eintragung der Rechtsänderung in das Grundbuch erforderlich, soweit nicht das Gesetz ein anderes vorschreibt.*
(2) Vor der Eintragung sind die Beteiligten an die Einigung nur gebunden, wenn die Erklärungen notariell beurkundet oder vor dem Grundbuchamt abgegeben oder bei diesem eingereicht sind oder wenn der Berechtigte dem anderen Teil eine den Vorschriften der Grundbuchordnung entsprechende Eintragungsbewilligung ausgehändigt hat.

de código civil, feita por encomenda do imperador D. Pedro II, pelo decreto de 11 de janeiro de 1859, já salientava a necessidade de adoção do sistema registral como uma forma de tradição solene nos negócios imobiliários.

Cabe salientar, contudo, que o sistema germânico, ao impor a regra de transcrição registral na aquisição da propriedade imobiliária, assenta a presunção absoluta da veracidade do registro. Tal construção de veracidade se baseia no cadastro de toda propriedade imóvel existente naquele país. Há rigorosa adoção de livros fundiários escriturados, razão pela qual, adverte Caio Mário, é possível atribuir ao registro alemão tamanho efeito jurídico (Pereira, 2003:120). Fato, inclusive, mencionado na elaboração do Código Civil pelo relator (Beviláqua, 1942:328):

> Tratando nós de organizar o Código Civil, era natural que nos preocupássemos com esse assunto e, então, supus eu que era ocasião própria, se não introduzir, entre nós, porque parecia impossível, o sistema chamado germânico, em sua plenitude, ao menos no que tem de essencial e aplicável, sem dependência de cadastro.

Mas o caso brasileiro se adéqua às bases jurídicas germânicas? Importa observar que já o código de 1916, em seu artigo 860, advertia que, se o teor do registro de imóveis não exprimisse a verdade, poderia o prejudicado reclamar que o retificasse, imprimindo eficácia relativa à transmissão efetuada no registro. Portanto, a própria lei, apesar de adotar a registrabilidade como um sistema de segurança, assumia que esse sistema não seria suficientemente seguro, razão pela qual permitia a possibilidade de retificação. O que ainda permanece na presente codificação, pois o Código Civil atual prevê idêntica situação encontrada no código revogado:

"Art. 1.247. Se o teor do registro não exprimir a verdade, poderá o interessado reclamar que se retifique ou anule." Trata-se da presunção *iuris tantum*, diversamente do que se passa no direito alemão. Inferindo que só se pode considerar dono quem figura no registro como titular do direito, enquanto não se cancelar ou anular o respectivo registro, uma vez que ele, sendo ato causal, é dependente do negócio jurídico originário (instrumento de transmissão – o contrato), que pode estar eivado de vícios ou defeitos; é passível de anulação, portanto (Pereira, 2003: 123).

Tais questões paradoxais revelam a necessidade de explicitar melhor as razões pelas quais o direito brasileiro "importou" do sistema alemão o registro como base de transmissão do direito de propriedade derivativo de contratos.

De acordo com a defesa de Clóvis Beviláqua, a justificativa se concentrava basicamente na relação propriedade e capital, como segue o relato de suas razões (Beviláqua, 1942:327):

> Em relação aos capitais, primeiro, porque estes, sendo, por via de regra, timoratos, não se vão arriscar, facilmente, em transações que tenham por base o crédito real, não tendo conhecimento completo, pleno, do estado civil (a expressão não é minha, é corrente em direito) da propriedade do imóvel. Em relação aos proprietários, a vantagem está na facilidade que terão de, apresentando o seu direito tal como ele realmente é, obter a atração dos capitais e poderem, assim, fazer explorações eficazes das terras que possuem.

As questões, por ora levantadas, podem nos indicar que o Brasil passou a assumir juridicamente a concepção de propriedade especulativa, portanto, aquela concebida nas revoluções burguesas, de modo especial a francesa, em que a propriedade se torna alienável, ou seja, a propriedade ganha um sentido de bem de mercado, firmando-se como elemento de status social sob nova ótica, como um símbolo de inserção dentro de uma sociedade que vai desigualar tanto proprietários entre si, como estes dos não proprietários, por critérios de maior, menor ou nula capacidade de acesso ao mercado imobiliário. Esta lógica se reflete no direito de propriedade em toda parte e, de modo próprio, em Rio das Pedras.

O novo direito de propriedade que surgiu então dentro do contexto burguês constituiu-se em duas características primordiais: a exclusividade e a negociabilidade.

Na perspectiva da exclusividade, significa que todos os poderes ou direitos que outros possam exercer sobre determinada coisa aos poucos perdem autonomia e passam a ser encarados como desdobramentos do direito exclusivo do proprietário.

A definição de Pothier, tornada clássica pelo Código Civil de 1804, no Code Napoleon, e generalizada pelo direito moderno, apresenta os seguintes termos: "Pode-se definir o direito de propriedade como o direito de dispor de uma coisa como bem lhe parecer, sem atentar contra o direito alheio ou a lei."[103]

Esse direito de dispor que tem o proprietário engloba o de receber todos os frutos da coisa, de servir-se dela não apenas para os usos que lhe pareçam ser naturalmente destinados, mas para os que lhe convenham, de alterar-lhe a forma, perdê-la ou destruí-la totalmente, aliená-la, onerá-la, de ceder a outrem os direitos que lhe convenham sobre a coisa e permitir-lhe o uso que julgar (Pothier,1890:35). Quem não tiver todos esses poderes padece de uma imperfeição no seu direito, e a posse não será considerada propriamente um direito, de acordo com Pothier.

---

[103] Artigo 544 do Código Civil dos franceses.

No que diz respeito à negociabilidade, a contratualização e a monetarização de todos os direitos relativos à propriedade permitirão que ela se torne mercadoria, objeto de mercado, por assim dizer, dissociada da unidade produtiva familiar que antes era plasmada na propriedade feudal (Lopes, 2002:407).

Tais concepções desencadearam a necessidade de fortalecer o direito de propriedade, na esfera jurídica, de certo hermetismo, tendo em vista que havia a urgência de assegurar aos novos detentores a certeza de suas aquisições, razão pela qual os direitos reais vão surgir no doutrinamento francês, especialmente como direito absoluto e de forma taxativa. Eles não dependem da vontade das partes para originá-los, como corre nos direitos obrigacionais, mas, unicamente condicionados, em sua gênese, da força da lei. Isso significa que somente a lei seria fonte dos direitos reais, de maneira especial a propriedade, de que se depreende a compreensão de que somente o Direito poderia conceber se determinada situação seria ou não adequada à definição de direito de propriedade ou outro direito real.

Resgata-se, por essa forma, a característica *numerus clausus*, que toma força a partir da Revolução Francesa, como consequência do rompimento dos regimes feudais e patrimoniais (estamentos), que estabelecia a propriedade pelo privilégio da hereditariedade (continuidade), como bem lembrado por Soares (1999:35): "O princípio *numerus clausus* originou-se no direito romano, porém seu momento de maior destaque só foi ocorrer com a Revolução Francesa, sobretudo no direito de propriedade."

A Revolução Francesa, ao abolir tais privilégios e ao permitir que a propriedade passasse a servir como elemento de mercado, dotou-a de caráter inexorável e absoluto, como também firmou a necessidade de implantação de um sistema jurídico que fosse fechado, sob os auspícios de segurança dos novos titulares. José Oliveira Ascensão faz alusão à aderência dessa característica na estrutura do direito de propriedade em tal período histórico (Ascensão, 1968:74):

> O *numerus clausus* inscreve-se, ou pelo menos pode se inscrever, neste movimento. Abolidos os vínculos feudais, é instaurada uma nova ordem dos direitos sobre a coisa, um sistema fechado serve à maravilha para perpetuar as conquistas obtidas; tudo o que se não adaptar ao esquema legislativo é rejeitado.[104]

Numerus clausus, portanto, consiste em uma limitação legal na criação de um direito, pois somente o legislador pode criá-lo. São direitos revestidos, segundo Caio Mário, "da prerrogativa de restringir o uso de bens a certos sujeitos, sendo conveniente que os não possa criar senão a lei, pelas implicações sociais consequentes" (Pereira, 2003:06).

Destarte, o direito de propriedade passa a ser um domínio sobre as coisas na medida em que se iguala a propriedade à mercadoria, sendo o domínio, nesse caso, uma forma de exercício de poder viabilizado a poucos (Lopes, 1994:31). É justamente essa forma de conceber o direito de propriedade que a codificação civil brasileira vai desenvolver, ajustando, por essa maneira, o sistema cartorial, como será visto a seguir.[105]

---
[104] Cabe observar que Oliveira Ascensão considera que a Revolução Francesa põe fim ao regime feudal, esquecendo que a mesma ocorre contra a sociedade moderna (séculos XVI a XVIII), portanto, do regime dos estamentos, próprio do patrimonialismo, a sociedade dos privilégios.
[105] Bourdieu (2007:209) observa, quanto ao hermetismo praticado no Direito, que "a ciência jurídica tal como concebem os juristas e, sobretudo, os historiadores do direito, que identificam a história do direito com a história do desenvolvimento interno dos seus conceitos e dos seus métodos, apreende o direito

A origem da propriedade imóvel no Brasil data do seu descobrimento. Por titularidade originária, teve como resultante o apossamento de todo o território brasileiro por delegados da Coroa portuguesa. A propriedade era conferida a portugueses, inicialmente, com o objetivo de ser conservada, exercida e alienada posteriormente (Lima, 1954:11). As terras do Brasil estavam sob a jurisdição eclesiástica da Ordem de Cristo,[106] e lhes eram tributárias, sujeitas ao pagamento do dízimo para propagação da fé.

Maria Stella Amorim, em sua tese de livre-docência intitulada "Homens burocráticos: sociologia das organizações públicas no Nordeste brasileiro", adverte, quanto à questão da apropriação de terras no Brasil (Amorim, 1975:68):

> Apesar da abundância de terras, elas aparecem como objeto de disputa dos colonos, não porque sua escassez fosse determinada por estreitos limites territoriais da colônia, conforme acontece em outras partes. A monarquia agrária portuguesa regulava severamente a propriedade da terra, incorporando todo o território ao patrimônio estatal.

Sucede, entretanto, que, apesar de toda a severidade, a apropriação de terras no Brasil não se deu apenas pelo regime da concessão, mas principalmente pela ocupação, exercida pela posse, como pontua a mesma autora (Amorim, 1975:71):

> Sabe-se, contudo, que não vigoraram os critérios legais das Ordenações e que as cartas régias de doações eram apenas um dos critérios, justamente o mais conhecido. Como o critério legal

---

como um sistema fechado e autônomo, cujo desenvolvimento só pode ser compreendido segundo a sua dinâmica interna".

[106] O grão-mestre da Ordem de Cristo era o rei de Portugal.

não era observado, o processo de apropriação acabou se legitimando por usurpação. As diversas cartas régias que concediam doações de terras aos índios não eram observadas, o que bem demonstra que o patrimônio estatal, mesmo quando se revestia dos meios legais, não podia ser respeitado.

A Coroa portuguesa, portanto, precisou estabelecer um sistema jurídico capaz de assegurar a própria colonização. Assim, o sistema de sesmarias em terras brasileiras teria se estabelecido não para resolver a questão do acesso à terra e de seu cultivo, mas para regular a própria colonização. A implantação do sistema de sesmarias significou, de forma preliminar, a doação de terras aos pleiteantes, contanto que estes tivessem condições de cumprir a exigência do cultivo (Motta, 1998:121).

O regime das sesmarias foi demasiadamente utilizado no país, conforme as Ordenações Manuelinas e Filipinas. As sesmarias eram, propriamente, as dadas de terras casais ou pardieiros que foram de alguns senhorios, e que já em outro tempo foram lavradas e aproveitadas, e por qualquer razão estavam sem uso (Balbino, 2001:04). Segundo dados levantados por pesquisadores da Universidade Federal do Rio Grande do Norte – UFRN,[107] responsáveis pela implantação de um banco de dados sobre o sistema de sesmarias no Brasil, estima-se que cerca de 20 mil cartas de sesmarias foram distribuídas no território brasileiro.[108] Eram sesmeiros, no Brasil, os governantes, os donatários e os capitães-mores, mas a doação de terras dependia de confirmação régia, o que limitava a muitos homens livres a possibilidade de conseguir a sua propriedade regular. A propriedade da

---
[107] Universidade Federal do Rio Grande do Norte.
[108] *Revista de História da Biblioteca Nacional*. Ano 6, nº 64, janeiro de 2011, p. 12.

terra permeava instrumento complexo em que toda a engrenagem se apoiava no rei, a peça central do sistema (Motta, 1998).

Entre a teoria e a prática, enorme foi a distância. Entre as pretensões iniciais e a realidade da colonização, um universo de novas categorias sociais se somou à do sesmeiro, imprimindo grande complexidade ao tecido social, que jamais se deduziu à polaridade representada pelo sesmeiro (Motta, 1998).

Já em 1850 houve a promulgação da Lei de Terra (Lei nº 601, de 18 de setembro), que trouxe em sua estrutura, mesmo que precariamente, alguma regulamentação de cunho registral, de modo especial, com escopo de dividir e descrever as terras devolutas, discriminando as públicas das privadas, além de realizar o registro das terras possuídas, propondo ao governo a fórmula a ser seguida para a revalidação de títulos e legitimação destas, conforme preceituava o artigo 11 da respectiva lei: "Art. 11. Os posseiros serão obrigados a tirar títulos dos terrenos que lhes ficarem pertencendo por effeito desta Lei, e sem elles não poderão hypothecar os mesmos terrenos, nem aliena-los por qualquer modo." Esses registros eram denominados Registros Paroquiais de Terra (Motta, 1998:161). Contudo, ainda ocorria a progressiva ocupação do solo, sem qualquer título, mediante a simples tomada de posse.[109]

Naquela época, o sistema registral cartorial denotou um critério de pessoalidade que envolvia o status do "titular do direito", ou seja, um sistema baseado nas relações pessoais, conforme muito bem descreve Márcia Motta (1998:172):

> Era preciso muito prestígio, poder e talvez um pouco de sorte para que o registro de suas terras fosse reconhecido como fiel à

---

[109] Nesse sentido: GARCIA, Lisipo. *A transcrição*. Rio de Janeiro: Francisco Alves, 1922.

realidade da área ocupada. (...) A princípio, os barões do café tinham mais chances de salvaguardar o seu domínio registrando-o e vendo-o reconhecido por outros. Talvez não tenha sido à toa que todos os barões que possuíam terras em Paraíba do Sul seguiram as determinações legais e as registraram.

Contudo, cabe ressaltar que a instalação do regime cartorial seguia concretamente, tanto que no ano de 1843 foi promulgada a Lei Orçamentária 317, que, com seu art. 35, criou o Registro da Hipoteca, lei essa regulamentada pelo Decreto 482, de 14 de novembro de 1846, viabilizando a relação entre fazendeiros e o crédito, dando condições para que a terra viesse a se tornar uma mercadoria aceitável nas transações. Registrava-se apenas a hipoteca. Foi esta um dos principais institutos jurídicos, naquela época, em prol da circulação de riqueza, na medida em que possibilitava constituir a "propriedade" imobiliária como garantia de crédito nas transações.

Em 1864, foram ampliadas as funções do Cartório de Registro da Hipoteca, com a promulgação da Lei 1.237, de 24 de setembro do mesmo ano, passando então a ser admitido o registro da transcrição dos títulos de transmissão dos imóveis por atos inter vivos e a constituição de ônus reais, embora de maneira facultativa. Essa lei foi regulamentada pelo Decreto 3.453, de 23 de abril de 1865, por sua vez modificado pelos decretos 169-A, de 19 de janeiro, e 370, de maio de 1890, passando o cartório a ser designado Registro Geral e de Hipoteca.[110]

Após a promulgação do Código Civil, que passou a viger em 1917, positivou-se a obrigatoriedade do registro como forma

---

[110] Nesse sentido: Jether Sottano, http://www.4risp.com.br/historia.aspx. Acesso em 10/11/2010.

aquisicional da propriedade imóvel pelo negócio jurídico, no artigo 856 e seus incisos, pelas razões já expostas no início do presente capítulo.

Em 1924, o Decreto legislativo 48.277 reorganizou os registros públicos instituídos pelo Código Civil, que foi, por sua vez, regulamentado pelo Decreto 18.542, de 24 de dezembro de 1928, sendo promulgado pelo Decreto 4.857, de 9 de novembro de 1939, que dispôs sobre a execução dos serviços concernentes aos registros públicos estabelecidos pelo Código Civil.

Assim sendo, como se demonstra, a partir de meados do século XIX a propriedade territorial se transformou em mercadoria, possibilitando a existência da propriedade capitalista da terra no Brasil (Osório, 1993:110), recepcionada na textura legal civil brasileira, que privilegiou a concentração do direito de propriedade a poucos no território nacional. Como se observa, a propriedade imóvel ratificou-se como elemento simbólico, posto ter o proprietário acesso a outros direitos, como o crédito, instrumentalizado pelo privilégio de exercer um direito disponibilizado apenas àqueles que possuíssem condições econômicas para tanto, diferenciando-se dos demais, o que se manifesta prioritariamente numa sociedade de consumo.

O cartório, dentro de tal realidade, apresenta-se absolutamente necessário no sistema jurídico de aquisição. É uma instituição criada pelo Estado para servir de arquivo dos negócios realizados entre particulares ou entre particulares e o Estado. O registro manifesta-se como forma de perpetuar um acordo e oficializar sua existência através de um documento. Destarte, o cartório, ao registrar, transforma acontecimentos em fatos (jurídicos), exercendo o poder de instaurar e controlar a ordem social (Miranda, 2000).

Ana Paula Mendes Miranda, em seu trabalho "Cartórios: onde a tradição tem registro público", adverte que o uso da escrita contribuiu para a formalização da sociedade com a lei, concedendo-lhe autonomia própria, como para os seus órgãos. A ordem jurídica organizou-se, especializou-se e se distanciou da sociedade. Esse feixe de escritos jurídicos passou a efetivar todo o processo de regulamentação das transações civis e mercantis da sociedade; estabeleceu-se o monopólio da gestão do patrimônio privado.

Em linhas gerais, pode-se observar que as práticas cartoriais não constituem apenas uma mera técnica de armazenamento de dados, mas estabelecem um poderoso mecanismo de controle de aquisição de direitos. O Estado, portanto, ao controlar o regime de aquisição nessa esfera incute um processo que, além de burocrático, de extrema onerosidade, impede que um número significativo de pessoas acesse tal direito.

A título de exemplo, tome-se por base a onerosidade da transação imobiliária contratual para a aquisição de um imóvel de R$ 80 mil. O comprador deve desembolsar R$ 1.056,16 pela escritura da unidade, R$ 1.600,00 de ITBI (2%) e R$ 672,44 pelo registro do imóvel, num total de R$ 3.328,60; sem contar com outras taxas de cartório e certidões e sem, evidentemente, contar com o valor do próprio imóvel e, futuramente, a obrigatoriedade de pagar IPTU[111] anualmente.

Nota-se que a escolha desse modelo jurídico de aquisição de direito de propriedade, já no final do século XIX, quando pensado o primeiro Código Civil, revela que o Brasil se encontrava num momento em que a questão da moradia já era sintomatizada. Como já tratado em capítulos anteriores, percebe-se que, após a abolição da escravatura, dava-se pouca importância ao estabelecimento prática executiva pública que visasse dar espaço digno para

---

[111] Imposto sobre a Propriedade Territorial e Urbana.

morar a quem estava ingressando formalmente na sociedade na qualidade de sujeito de direitos, além da impossibilidade material de adquirir tal direito pelas vias mercadológicas que foram amparadas pelo sistema jurídico, pois esses sujeitos não se encontravam aptos à inclusão no mercado formal.

Essas conotações econômicas e jurídicas traduziram um sistema perverso de exclusão, forçando segmentos mais empobrecidos da população a enxergarem nas modalidades precárias de habitação – cortiços e favelas – a única forma de execução de um direito basilar de suas existências. Assim, perquirir as matrizes jurídicas que consolidaram o direito de propriedade no Brasil e deparar com as consequências dessas opções legais, associadas ao descuido de investimento em políticas públicas revestidas de um sentido de execução de moradias para a população que não detinha meios materiais de adquiri-lo, força a compreensão de que essas escolhas foram reflexos de um sentido diminuto ou restrito de acesso a direitos fundamentais no Brasil. Como foi visto, as favelas, em seus diversos modos, está relacionada a um âmbito contextual de pobreza, ausência de políticas públicas, além de práticas replicadas na história do país em não relacionar a cidadania a um sistema de igualdade adjetiva.

Diante do que foi contextualmente apresentado, pondera-se: a atual estrutura de aquisição concentra-se na prevalência dos valores relativos à apropriação de bens meramente ou na valorização da dignidade da pessoa humana, com respeito à justiça distributiva e à igualdade material ou substancial? A realidade sugere uma resposta negativa a essa pergunta.

A propriedade concebida como um direito é atrelado à dinâmica do capital. A partir dessa premissa, pode-se determinar quem está apto ou não a entrar no mercado formal (considerando formal aquele que dispõe de todo um arcabouço jurídico legitimado pelo Estado para ampará-lo e tutelá-lo), inviabilizando, dessa maneira, que certos sujeitos possam usufruir esse direito como confeccionado na textura da lei, ou seja, que possam exercer todas as faculdades inerentes ao seu titular.

Ao que parece, as razões que forçaram a privilegiar o sistema de aquisição por um regime complexo e oneroso possuem bases de exceções, como se houvesse uma premissa de que o direito de propriedade que guarda todas as faculdades (usar, gozar e dispor) deva ser um privilégio, e não um direito acessível a todos, principalmente na viabilização da moradia. Essas razões são tão concretas e reais que o próprio sistema jurídico criou outras formas aquisicionais para disponibilizar o acesso das populações nais pobres à moradia, como maneira de mitigar as desigualdades produzidas pelo próprio sistema. Contudo, como se verá, essas formas também ensejam outras desigualdades, haja vista que não permitem que seus titulares sejam reais e efetivos donos de seus bens.

Para maior explicitação de como essas desigualdades são produzidas, utilizou-se como referência os três institutos mais conhecidos no discurso jurídico para a execução de acesso do direito de moradia a segmentos pobres da população e que podem, ainda que teoricamente, dar origem ao direito de propriedade. São eles: usucapião coletiva, direito de superfície e legitimação da posse.

Observe-se, entretanto, que não serão referidos, neste momento, os direitos reais de concessão de uso ou concessão para moradia, porque tais institutos jurídicos, a despeito de serem largamente praticados em políticas públicas fundiárias, principalmente em favelas cariocas, não se revelam instrumentos jurídicos aptos à aquisição da propriedade, como já explicitado no presente trabalho, quando trata do mercado imobiliário em Rio das Pedras.

USUCAPIÃO COLETIVA

A usucapião[112] consiste em modo de aquisição da propriedade ou de outro direito real pelo decurso do tempo estabelecido e com observância dos requisitos instituídos em lei (PEREIRA, 2003:138). Ou seja, dois elementos são basilares nesse modo aquisicional: a posse e o tempo. Outros requisitos serão exigidos dependendo da espécie da usucapião que se pretende exercer. Trata-se de modo originário da aquisição, uma vez que não se consolida qualquer transmissão com o novo titular. O usucapiente (quem pretende usucapir) não recebe a coisa em transmissão do antigo titular; ao contrário, por possuir o bem dentro dos requisitos que a lei estabelece, o usucapiente se tornará proprietário independentemente da vontade do anterior.

A posse *ad usucapionem* (aquela que habilita a pessoa a adquirir a propriedade) deve ser contínua, pacífica (sem contestação), por tempo que a política legislativa determina a cada espécie e com intenção de dono (*animus domini*), excluindo toda e qualquer posse não acompanhada da intenção de ter a coisa para si, como ocorre nos casos em que a posse é derivativa de um contrato, por exemplo. Outra condição essencial se encontra no bem sobre o qual recai a posse; portanto, a coisa a ser usucapida (*res habilis*), isto é, se o bem é passível de ser suscetível da usucapião. Nesse sentido, o bem público está fora do regime de aquisição na modalidade da usucapião, tanto por força constitucional (artigo

---

[112] *Usucapio* – Palavra do gênero feminino radical usu, que é masculino e ao qual se agregou o verbo *capere* (feminino), para formar o verbo *usucapere* e o substantivo *usucapio*. O Código Civil de 2002, apegando-se ao purismo das raízes latinas, optou por empregar o termo no feminino.

183, § 3º CF),¹¹³ como no plano infraconstitucional, como se observa no artigo 102 do Código Civil.¹¹⁴

Justifica-se a usucapião sob o amparo do binômio: abandono tácito e aproveitamento econômico do bem, traduzido para alguns autores como função social da propriedade,¹¹⁵ uma vez que em decorrência da inércia do precedente proprietário, outro concede ao bem usucapido os valores efetivos de utilidade social (Pereira, 2003).

Entre as inúmeras espécies de usucapião que o direito brasileiro contempla, encontra-se a usucapião coletiva, descrita e positivada no Estatuto da Cidade.

O Estatuto da Cidade é a denominação oficial da Lei 10.257, de 10 de julho de 2001, que regulamenta o capítulo "Política urbana" da Constituição brasileira (artigos 182 e 183), como adverte o artigo 1º da mesma lei. Seu objetivo é traçar normas de ordem pública e de interesse social que regulem o uso da propriedade urbana em prol do bem coletivo, da segurança e do bem-estar dos cidadãos, bem como do equilíbrio ambiental.¹¹⁶

O Estatuto definiu uma série de instrumentos urbanísticos que têm no combate à especulação imobiliária e na regularização fundiária dos imóveis urbanos seus principais objetivos. Foi justamente nesse ambiente que surgiu a usucapão coletiva. Seu enquadramento na lei está dentro do capítulo que regula a usucapião especial de imóvel urbano, visto que o Estatuto da Cidade disciplina duas modalidades: indivudal (artigo 9) e coletiva (artigo 10).

---

¹¹³ Artigo 183, § 3º: "Os imóveis públicos não serão adquiridos por usucapião."
¹¹⁴ Art. 102. "Os bens públicos não estão sujeitos a usucapião."
¹¹⁵ Nesse sentido: Serpa Lopes, Orlando Gomes, Lafayette e José dos Santos Carvalho Filho.
¹¹⁶ Parágrafo único do artigo 1º da Lei 10.257/2001.

"Art. 10 – As áreas urbanas com mais de duzentos e cinquenta metros quadrados, ocupadas por população de baixa renda para sua moradia, por cinco anos, ininterruptamente e sem oposição, onde não for possível identificar os terrenos ocupados por cada possuidor, são susceptíveis de serem usucapidas coletivamente, desde que os possuidores não sejam proprietários de outro imóvel urbano ou rural."

Trata-se de aquisição coletiva da propriedade por pessoas moradoras de conglomerados de baixa renda, quando for impossível identificar os terrenos ocupados pelos possuidores, desde que a área seja superior a 250 m². Sua justificativa, segundo José dos Santos Carvalho Filho, é a "justiça social" (2006:128).

Em termos de pressupostos específicos, o primeiro que se revela diz respeito aos destinatários da norma. A usucapião coletiva deve ser direcionada à população de baixa renda. Mas qual será a definição de baixa renda?

José dos Santos Carvalho Filho lembra que não há qualquer definição jurídica para baixa renda nesse quesito. Entretanto, "não seria nenhuma heresia afirmar que as circunstâncias relativas ao local e às condições de moradia por si mesmas já dariam margem ao reconhecimento da situação de baixa renda" (2006:129). Contudo, observada a experiência de campo adquirida neste trabalho, percebe-se que a realidade desses locais de moradias indica que essas "circunstâncias" nem sempre são verdadeiras, pois, como constatado, muitos "proprietários" de imóveis em Rio das Pedras não são pessoas de baixa renda e possuem vários prédios em algumas situações. O que seria feito nesses casos?

Essa pergunta ainda se mostra relevante diante da exigibilidade de que os possuidores não sejam proprietários de outro imóvel. Poderiam aqueles que possuem dois ou mais imóveis adquiri-los pela usucapião coletiva ou seriam "confiscados" os seus bens? Ou seriam obstáculos que toda a coletividade exercesse o referido instituto? E no caso das "lajes", seria aplicada a regra do condomínio edilício? E como ficaria sua constituição, regimento interno, convenção etc.?

Isso pode ser ainda mais complexo diante da exigência do §3º do artigo 10 do Estatuto da Cidade, que determina que, "na sentença, o juiz atribuirá igual fração ideal de terreno a cada possuidor, independentemente da dimensão do terreno que cada um ocupe, salvo hipótese de acordo escrito entre os condôminos estabelecendo frações ideais diferenciadas". Nesse patamar, é de bom alvitre pontuar que a figura do condomínio, cujo objetivo é a copropriedade, geralmente se caracteriza pela possibilidade de divisão e extinção, pela regra dos artigos 1.320 e 1.314 do Código Civil, como segue:

> "Art. 1.320 – A todo tempo será lícito ao condômino exigir a divisão da coisa comum, respondendo o quinhão de cada um pela sua parte nas despesas da divisão."
> "Art. 1.314 – Cada condômino pode usar da coisa conforme sua destinação, sobre ela exercer todos os direitos compatíveis com a indivisão, reivindicá-la de terceiro, defender a sua posse e alhear a respectiva parte ideal, ou gravá-la."

A presente norma, ao admitir a divisibilidade e a extinguibilidade, imprime a característica da disponibilidade presente na propriedade privada. Contudo, no Estatuto da Cidade, há tratamento diferente, pois de acordo com o §4º do artigo 10, o condomínio especial constituído é indivisível, não sendo passível de extinção, salvo deliberação favorável tomada por, no mínimo, dois terços dos condôminos, no caso de execução de urbanização posterior à constituição do condomínio. Significa compreender que, constituído o condomínio especial, este não poderá ser subdividido, o que efetiva sua indivisibilidade. Nesse sentido, há clara mitigação na faculdade de dispor na propriedade declarada na ação de usucapião, ou seja, o condomínio não poderá ser extinto e o adquirente sempre estará na qualidade de coproprietário, salvo deliberação tomada por, no mínimo, dois terços dos condôminos, e que seja realizado processo de urbanização posterior à constituição do condomínio. Isso implica compreender que a propriedade recebida se encontra repleta de exigências procedimentais, correndo alguns riscos na sua execução: o primeiro seria o desestímulo do ajuizamento da ação frente a tantos obstáculos e obrigações. O segundo, o risco de sua própria inexecução, uma vez implantado o condomínio, caindo em desuso as normas descritas na lei.

Nesse diapasão, a lei sugere a maneira como deve ocorrer a administração do condomínio que se instala, como exige o §5º do artigo 10: "As deliberações relativas à administração do condomínio especial serão tomadas por maioria de votos dos condôminos presentes, obrigando também os demais, discordantes ou ausentes."

José dos Santos Carvalho Filho (2006) adverte sobre a necessidade de se estabelecer uma gestão como forma de prevenir conflitos entre moradores, sendo recomendável a eleição de um síndico.

Data máxima vênia ao ilustre jurista, mas a realidade das favelas, principalmente as cariocas, demonstra que essa "gestão" geralmente é feita, a fórceps, por grupos "de poder", sejam traficantes de drogas ou milicianos, o que, na prática, inviabilizaria essa forma democrática de gestão do condomínio que surge.

Outro fato a ser questionado encontra-se no artigo 12, inciso III, do Estatuto da Cidade, que dispõe que a Associação de Moradores regularmente constituída, com personalidade jurídica, pode funcionar como substituto processual desde que explicitamente autorizada pelos representados. A norma sugere uma dúvida de cunho processual: a questão versa sobre legitimidade extraordinária ou representação? A indagação é importante não apenas pelo cunho teórico, mas principalmente pelo cunho prático, porque se faz necessário determinar se a Associação de Moradores atuará como substituto processual, e nesse caso demandará em nome próprio na defesa de interesse alheio,[117] ou se como representante, em que a demanda deve ser ajuizada em nome dos representados, sendo forçosa a autorização expressa de todos os copossuidores. A ausência de autorização de um copossuidor por si só já inviabilizaria o curso do processo. A ausência dessa autorização implicaria "carência de ação", por falta de legitimidade, devendo ser extinto o processo sem resolução do mérito, o que acarretaria uma situação incomum, como lembra Alexandre Câmara (2002:47):

> A ausência de autorização expressa de um só deles impediria o regular desenvolvimento do processo. Isto causaria uma estranha situação: a associação de moradores só poderia comparecer em juízo (na qualidade de representante dos copossuidores) se todos a autorizassem, mas qualquer dos possuidores, por menor que seja sua representatividade na comunidade, poderia demandar em juízo, na defesa dos interesses do grupo, independentemente da autorização dos demais.

Outra indagação se manifesta na proporção de 250m². Por que a fixação de área mínima? Se a área for de 250m² e possuída por diversas pessoas (a lei também não diz o número mínimo para

---

[117] Ver Alexandre Freitas Câmara (2007:131).

"diversas pessoas"), não poderá ser aplicada a usucapião coletiva nem a individual (artigo 9),[118] haja vista que, para a sua aplicação necessita-se de identificação da área possuída, o que não ocorre na modalidade coletiva. Portanto, inaplicável a modalidade especial que visa à justiça social, ainda que seus moradores sejam de baixa renda.

Por fim, cabem algumas considerações na imposição legal de posse de cinco anos de forma ininterrupta e sem oposição. A impressão que fica é que o legislador nunca colocou os pés em uma favela. É absolutamente constatável o processo migratório interno e externo no universo dela. A dinâmica de mudança de locais de moradia é constante. No caso de Rio das Pedras, foi observado um razoável movimento interno de mudança de endereço, até porque, ao mudar de local, o morador poderá ascender ou descer na escala social dos valores existentes na própria favela; sem falar naqueles casos observados de moradores oriundos de outras, revelando um outro fenômeno comunidades o de deslocamento entre favelas.

É fato que o § 1º do artigo 10 da lei pondera que o possuidor pode, para o fim de contar o prazo exigido, acrescentar sua posse à de seu antecessor, contanto que ambas sejam contínuas. Trata-se do fenômeno jurídico denominado de acessão de posses ou sucessão de posses, que consiste na possibilidade de o possuidor atual (usucapiente) acrescentar sua posse à do antecessor para completar o prazo estipulado. Pode-se dar tanto a título causa mortis (direito sucessório) ou inter vivos, significando dizer que há per-

---

[118] Art. 9º – "Aquele que possuir como sua área ou edificação urbana de até duzentos e cinquenta metros quadrados, por cinco anos, ininterruptamente e sem oposição, utilizando-a para sua moradia ou de sua família, adquirir-lhe-á o domínio, desde que não seja proprietário de outro imóvel urbano ou rural."

missão legal para alienar o direito de posse para que o adquirente prossiga na contagem do prazo. Contudo, na realidade das favelas, como em Rio das Pedras, as negociações são múltiplas, às vezes efetivadas verbalmente, o que inviabilizaria a comprovação desse processo sucessório em juízo. Ademais, fala-se de uma favela com aproximadamente 80 mil moradores.

Portanto, a obrigação legal de cinco anos de posse coletiva é estranhável na medida em que os conglomerados habitacionais aos quais a norma em questão se destina são muitas vezes habitados por milhares de pessoas que circulam entre as moradias, o que torna impossível vislumbrar a aplicação do Estatuto da Cidade.

Em entrevista realizada no Núcleo de Terras e Habitação (NUTH) da Defensoria Pública do estado do Rio de Janeiro, foi possível perceber que, em se tratando de favelas, há por parte da Defensoria uma tendência em optar, nos casos que seriam passíveis de aplicar a usucapião, pelo diálogo com órgãos públicos. A busca seria inicialmente por soluções administrativas, evitando, dessa forma, a demanda jurisdicional, pelos sérios entraves jurídicos e judiciais de que tais ações são alvo; até porque, não raro, há por parte de alguns juízes razoável ausência de conhecimento sobre questões habitacionais irregulares.

A título de exemplo, cite-se um caso julgado em ação civil pública proposta pela Defensoria Pública do estado em face do município do Rio de Janeiro, com pedido de tutela antecipada, a fim de que a municipalidade se abstivesse de praticar qualquer ato de demolição referente às edificações, acessões e benfeitorias dos moradores da comunidade[119] "Vila das Torres", localizada

---

[119] O termo "comunidade" foi assim usado tanto na petição inicial da Defensoria como na decisão do juiz.

entre os bairros de Madureira e Rocha Miranda. Postulava ainda a retirada do entulho existente no local, decorrente de demolições já efetuadas.

Segundo a petição inicial, no local residiam mais de 900 famílias, que começaram a ocupar a área na década de 1960. Em dezembro de 2009, a Prefeitura informou que iniciaria um projeto de revitalização urbana denominado "Parque Madureira"[120] e comprometeu-se com a recolocação dos moradores no mesmo bairro. Prometeu ainda que as "desapropriações" seriam negociadas e conduzidas de maneira digna. Ocorre que as negociações não evoluíram da maneira esperada. A prefeitura iniciou a demolição de alguns imóveis já negociados, os quais foram derrubados sem qualquer cautela e com geração de grande entulho, que permaneceu no local, gerando riscos à comunidade. No dia 1º de julho de 2010, funcionários da Prefeitura voltaram à comunidade com o intuito de efetivar novas demolições, mas foram impedidos pelos moradores, que apresentaram cópias de ofícios emitidos pela Defensoria Pública, através dos quais era postulado melhor esclarecimento sobre a situação. Após esse fato, os funcionários retornaram à comunidade e lá realizaram mais duas demolições, informando que voltariam no dia 12 de julho de 2010 para promover novas demolições.

O fundamento jurídico do pedido da Defensoria Pública concentrava-se no fato de que as demolições foram intentadas sem

---

[120] Segundo o site da Prefeitura (www.rio.rj.gov.br), o "Parque Madureira" será a terceira maior área de lazer municipal do Rio, perdendo somente para o Aterro do Flamengo e a Quinta da Boa Vista. Próximo ao viaduto Negrão de Lima, o parque vai abranger as ruas Bernardino Andrade, Guarapari, Pereira Leitão, Antônio de Abreu, Soares Caldeira, Projetada e a futura Via Light. Com área total de 113 mil metros quadrados, as obras de construção do parque vão custar R$ 67 milhões e terão duração de 18 meses.

aviso prévio e laudo específico que comprovasse a necessidade dos atos demolitórios, incorrendo em afronta ao princípio do devido processo legal. Cabe notar que a ação foi ajuizada em plantão judiciário noturno do estado do Rio de Janeiro.

Em decisão, o juiz acolheu parcialmente o pedido de antecipação de tutela, para indeferir a pretensão de abstenção de realização de atos demolitórios nos imóveis, haja vista que não conheceu a pretensão de retirada de entulho do local como medida urgente que não pudesse aguardar a manifestação do juiz natural e, portanto, não deveria ser analisada em plantão judiciário.

Assim, sua decisão indeferitória sustentou-se na precariedade das provas aduzidas em juízo porque, segundo o juiz, a Defensoria "não logrou êxito no desempenho do seu mister ao juntar apenas algumas contas de operadoras de serviços públicos e alguns instrumentos públicos de cessão de posse e dos atos constitutivos da associação de moradores, além da planta do local". Faltaram, de acordo com a decisão, certidões de RGI, que permitiriam verificar a situação dos imóveis, não sendo possível se analisar quem é o real proprietário do imóvel, "fato que impede que se conclua a que título é exercida a posse".

Segue ainda a sentença:

"Além disso, ao mesmo tempo em que narra que a ocupação na localidade foi iniciada na década de 1960, a Defensoria Pública não traz aos autos qualquer alvará concedido pela Prefeitura autorizando a edificação das construções e benfeitorias que agora se pretende demolir.

Ademais, chama atenção que não há a juntada sequer de carnê de IPTU dos imóveis, o que reforça a tese de que a ocupação do local se dá de maneira irregular e que o poder público está agindo amparado pelas normas que regem a matéria."

As questões levantadas pelo juiz, que o levaram a indeferir o pedido da inicial, são baseadas na propriedade construída na sistemática jurídica brasileira, ou seja, na propriedade formal. Por tais razões, o poder público sempre poderá demolir qualquer favela. Dificilmente será possível encontrar uma comunidade em que os moradores possuam certidões de RGI do imóvel, alvará de construção permitindo a edificação, bem como IPTU.

Como se vê, não são apenas as questões jurídicas que inviabilizam a apreciação mais cautelosa da questão da moradia como um direito social. O próprio sistema judiciário também expressa as incoerências do sistema jurídico ao reforçar a compreensão da propriedade como um privilégio, na medida em que não viabiliza o alcance desse direito de maneira mais humana e democrática.

Marco Aurélio Bezerra de Mello, em *Direito das coisas* (2007:159), adverte com insistência:

> O fato é que o "uso campeão", como é simpaticamente chamado o instrumento de reconhecimento da propriedade a partir da posse, seja na sua versão individual ou coletiva, não tem tido fôlego suficiente para ganhar o jogo da regularização fundiária ante ao seu procedimento judicial medieval e dificuldades cartoriais e jurídicas de toda ordem.

Cabe salientar a legitimidade do citado autor, tendo em vista sua larga experiência como defensor público na área de regularização de terras, no NUTH, antes de sua nomeação como desembargador de Justiça do Tribunal do Estado do Rio de Janeiro.

Por fim, pontua-se que qualquer advogado militante saberá a via-crúcis que se impõe no curso de uma ação de usucapião, ainda que em algumas situações se preveja um processo mais célere (sumário), como ocorre na usucapião coletiva. A quantidade de procedimentos desnecessários e procrastinatórios assola o ajuizamento de uma ação como essa, em que alguns casos vencem décadas, dificultando o alcance do direito de propriedade como é formatado na lei por esse instrumento jurídico.

DIREITO DE SUPERFÍCIE

Levantar algumas considerações sobre o direito de superfície no contexto que ora se desenvolve é de extrema importância, posto que, como já sabido, o "direito de laje" não encontra respaldo jurídico no Direito brasileiro. Não há nenhum tipo na norma jurídica que viabilize o enquadramento dessa modalidade habitacional. Como já dito antes, é uma realidade social, mas uma invisibilidade jurídica.

Alguns juristas, contudo, defendem a possibilidade de aplicação do direito de superfície ao "direito de laje", por ser aquele um direito real sobre coisa alheia, podendo ser visto como um desdobramento do direito de propriedade, segundo o disposto no artigo 1.369 do Código Civil Brasileiro[121] e na Lei nº 10.257/01 (Estatuto da Cidade), artigos 21 a 24.[122] Lira (1997:14) descreve-o da seguinte maneira:

---

[121] Código Civil – Art. 1.369: "O proprietário pode conceder a outrem o direito de construir ou de plantar em seu terreno, por tempo determinado, mediante escritura pública devidamente registrada no cartório de registro de imóveis."

[122] Lei 10.257/2001 – Art. 21. "O proprietário urbano poderá conceder a outrem o direito de superfície do seu terreno, por tempo determinado ou indeterminado, mediante escritura pública registrada no cartório de registro de imóveis."

É o direito real autônomo, temporário ou perpétuo de fazer e manter construção ou plantação sobre ou sob terreno alheio; é a propriedade – separada do solo – dessa construção ou plantação, bem como é a propriedade decorrente da aquisição feita ao dono do solo de construção ou plantação nele já existente.

O direito de superfície caracteriza-se pelo afastamento do princípio jurídico que prega que "tudo o que se edifica ou planta adere ao solo" (*omne quod solo inaedificatur, vel implantur solo cedit*), noção basilar do instituto do direito civil, conhecido como acessão.[123] Através desse desdobramento do solo e da superfície, acredita-se que seja viável a cada um deles possuir um valor de mercado diferenciado, e, assim reduzido, tornar mais acessível o direito de moradia. O interessado poderia adquirir somente a construção, ou a superfície do solo, para nela edificar, sem ter que adquirir o solo, que continuaria pertencendo a outrem. Seria, de acordo com especialistas do assunto, um vértice da funcionalização do direito de propriedade, apresentando um contexto mais amplo de redefinição da propriedade, conjugando sentido plural do domínio, visando à função social desse mesmo direito como instrumento da justiça social (Lira, 1997:15).

Mas um problema surge de tais sugestões: Como aplicar o direito de superfície ao "direito de laje" se aquele pressupõe necessariamente a propriedade formal como fato gerador?

A possível aplicação passa a ser questionada, posto que o respectivo direito real só pode ser abrigado, segundo o sistema legal brasileiro, quando há o direito de propriedade (há um desdobra-

---

[123] Acessão "é a união física entre duas coisas, de matérias indissolúveis, um conjunto em que uma das partes, embora possa ser reconhecível, não guarda autonomia, sendo subordinada, dependente do todo".

mento da propriedade), o que não ocorre nos casos que envolvem "lajes", haja vista que, na maioria das vezes, ou a construção sobre a laje foi edificada em terreno particular invadido e é objeto de posse, ou foi construída amparada em ato de concessão ou de autorização de uso celebrada pelo poder público, como acontece em alguns casos em Rio das Pedras. Sem esquecer os casos de invasões de áreas públicas em que a situação possessória se situa em região limítrofe com a detenção, não configurando uma posse segura para habilitar qualquer direito formal. Nos dois últimos casos, a edificação estaria construída sobre terras que são patrimônio público, o que inviabiliza a aspirada aplicação, porque assim haveria o desdobramento da propriedade pública e privada no mesmo espaço, o que o ordenamento jurídico brasileiro atual também não prevê.

É de bom alvitre salientar que mesmo a usucapião especial urbana, prevista no Estatuto da Cidade (Lei 10.257/2001) em seus artigos 9 e 10,[124] é inaplicável a qualquer bem público, como obsta a norma constitucional em seu artigo 183, § 3º,[125] ratificado no plano infraconstitucional no artigo 102 do Código Civil brasileiro.[126] Se a usucapião, forma originária de aquisição da propriedade

---

[124] Art. 9º – "Aquele que possuir como sua área ou edificação urbana de até duzentos e cinquenta metros quadrados, por cinco anos, ininterruptamente e sem oposição, utilizando-a para sua moradia ou de sua família, adquirir-lhe-á o domínio, desde que não seja proprietário de outro imóvel urbano ou rural."
Art. 10 – "As áreas urbanas com mais de duzentos e cinquenta metros quadrados, ocupadas por população de baixa renda para sua moradia, por cinco anos, ininterruptamente e sem oposição, onde não for possível identificar os terrenos ocupados por cada possuidor, são susceptíveis de serem usucapidas coletivamente, desde que os possuidores não sejam proprietários de outro imóvel urbano ou rural."
[125] Art. 183, § 3º, da CF – "Os imóveis públicos não serão adquiridos por usucapião."
[126] Art. 102 – "Os bens públicos não estão sujeitos à usucapião."

e de outros direitos reais, como usufruto, uso, habitação, enfiteuse e servidões prediais, encontra-se obstaculizada no regime de aquisições de bens públicos, como ajustar a adequação da superfície à "laje" que ocupa terrenos públicos?

Alguns juristas descortinam a possibilidade de aplicar ao "direito de laje" o direito de sobrelevação,[127] uma espécie do direito de superfície que algumas legislações estrangeiras desenvolveram, como é o caso da Suíça, Itália e de Portugal. É a posição do eminente professor Ricardo Lira (2002:273):

> Outro aspecto interessante a abordar quanto às formas de utilização da superfície é o direito de sobrelevação ou superfície em segundo grau. O superficiário concede a um segundo concessionário o direito de construir sobre a sua propriedade superficiária. Essa forma de utilização da superfície é contemplada no código suíço. De resto, a criatividade do brasileiro também a utiliza no direito informal, nas formações favelares, onde o titular da moradia cede a outrem o direito de laje.

Segundo Lira (2000:22), a sobrelevação é a possibilidade de o titular da propriedade superficiária construir ou conceder a um terceiro que construa sobre a sua propriedade superficiária. Tal instituto prevê o direito de construir sobre edifício alheio, apresentando hibridismo entre a superfície e a propriedade horizontal. A constituição dessa modalidade de direito está condicionada às regras da superfície e às limitações da propriedade horizontal. Uma vez edificando sobre o prédio situado na superfície, a situação desemboca por completo na propriedade horizontal. Assim, a sobrelevação cria a possibilidade de o construtor vender o prédio

---

[127] Nesse sentido, Lira, Rosenvald e Farias.

com reserva do espaço aéreo, pela intenção de construir a posteriori (Ascensão, 2000:526). O que também não seria aplicável ao caso das "lajes", pelas mesmas razões já explicitadas, dada a inexistência do direito de propriedade formal.

Como é possível considerar, há um entrave legal para que seja feita a adequação do direito de sobrelevação, na medida em que se apresenta, nas situações gerais em que o direito de laje se configura nas favelas cariocas, posse injusta, portanto. Com as vênias devidas, a sobrelevação pode ser um modelo suficiente para as realidades sociais dos países citados; entretanto, cabe lembrar que as realidades sociais são bem diferentes entre o Brasil e os citados países. Não há como comparar, por ausência de semelhanças, a forma brasileira de ocupar espaços urbanos com a dos países europeus. A história brasileira é outra. O povo brasileiro é outro. Assim, não se pode considerar adequada, nesse sentido, importar modelos para realidades diferentes. Portanto, na falta de paradigmas autenticamente brasileiros, não poderão ser bem-sucedidos no Brasil modelos que, ao serem introduzidos, serão adaptados ao nosso sistema jurídico, resultando em emendas no tecido já fragilizado do direito de sobrelevação em áreas habitadas por população pobre.

Infere-se que a questão não está centrada em ajustes de modelos jurídicos pré-existentes, que, por suas próprias naturezas, são inadequáveis. Acredita-se, por essas razões, que se deva sugerir modelos novos para situações "novas". Ajustar modelos de dita tradição romana clássica, por si só, não resolverá as questões advindas da realidade das favelas brasileiras. A prática de "importação" de modelos jurídicos de outros países tem acarretado sérias anomalias na operacionalidade do Direito, pois importam-se os modelos mas não o sistema. Não há contrastação que deflua de uma investigação minuciosa das realidades existentes,[128] e isso representa séria dificuldade de execução das próprias leis, pois gera a tortuosa tarefa de o fato ter que se adequar ao direito, na reiterada prática judiciária brasileira de visar ao direito como mero regulador social, e não como um administrador de conflitos (Kant de Lima, 1983).

A cultura jurídica no Brasil pressupõe um saber especializado ao criar um sistema de representações "ideais" em que a realidade deva se adaptar aos normamentos. Assim, surge a compreensão de que os fatos não nascem espontaneamente, mas são construídos por elementos jurídicos abstratos e previamente estabelecidos (Geertz, 1997). Tais premissas levam a admitir que o mundo jurídico se compõe de realidades próprias e de pensamentos racionalizados que não precisam ser, necessariamente, compatíveis com as realidades da vida ("o que não está nos autos não está no mundo jurídico"[129]). Esse saber monolítico, como diz Kant de Lima (1983), não interage com os saberes da existência concreta dos fatos, tornando-os, muitas vezes, desassociativos, pois os "modelos" julgados "corretos" e "justos" não se amodelam, em regra, com o campo social.[130]

Para explicitar com maior clareza como ocorre a naturalização racionalizada dessas concepções no campo jurídico, cite-se o entendimento de Caio Mário (2006:71), renomado civilista brasileiro:

---

[128] Nesse sentido, ver: FERREIRA, Marco Aurélio Gonçalves. *O devido processo legal: um estudo comparado*. Rio de Janeiro: Lumen Juris, 2004.
[129] Brocardo jurídico: *quod non est in actis, non est in mundo*. O mundo do Direito se compõe de realidades próprias.
[130] Lupetti (2008) elabora com muita clareza a decomposição dos critérios da norma aos critérios sociais.

> O ordenamento jurídico deve conter a normação completa da vida social. Não pode ter falhas, nem é compatível com a presunção de sabedoria do legislador, aliada ao caráter genérico da norma. (...) Quando vota a lei, o legislador tem os olhos voltados para o presente e para o futuro, enxergando os problemas a solver e o comportamento a disciplinar, de forma a envolver o que existe e o que venha a ocorrer.

Essa construção de realidades do "dever ser", ao sobrepujar-se ao "ser" descuida de um sentido mais particularizado dos acontecimentos, porque supõe uma forma generalista de aplicação de leis que a tudo e a todos poderão ser "encaixadas", solucionando todas as questões, mesmo que sejam adotadas medidas excepcionais, como ocorre no caso da utilização da analogia, processo mental que costuma conceder destaque às semelhanças e descarta as diferenças, seja na aproximação com o direito estrangeiro ou com o direito pátrio, embora possa oferecer soluções para casos omissos.[131]

LEGITIMAÇÃO DA POSSE

O instituto da legitimação da posse é encontrado no sistema jurídico brasileiro desde a edição da Lei 601, de 18 de setembro de 1850, conhecida como "Lei de Terras", que dispunha, ainda

---

[131] Para Caio Mário (2006:72), a analogia consiste no processo lógico pelo qual o aplicador do direito estende o preceito legal ao caso não diretamente compreendido em seu dispositivo. Pesquisa-se a "vontade" da lei para levá-la às hipóteses que a literalidade de seu texto não havia mencionado. Essa verificação, segundo Caio Mário, decorre de lacunas aparentes da lei, já que todas as relações humanas se contêm na disciplina jurídica.

que inicialmente, sobre a questão fundiária no Brasil. Essa lei estabelecia a compra como a única forma de acesso à terra e abolia, em definitivo, o regime de sesmarias, além de definir que as terras não ocupadas passavam a ser propriedade do Estado – terras devolutas –[132] sendo assim definidas em lei:

> "Art. 3º São terras devolutas:
> § 1º As que não se acharem applicadas a algum uso publico nacional, provincial, ou municipal.
> § 2º As que não se acharem no dominio particular por qualquer titulo legitimo, nem forem havidas por sesmarias e outras concessões do Governo Geral ou Provincial, não incursas em commisso por falta do cumprimento das condições de medição, confirmação e cultura.
> § 3º As que não se acharem dadas por sesmarias, ou outras concessões do Governo, que, apezar de incursas em commisso, forem revalidadas por esta Lei.
> § 4º As que não se acharem occupadas por posses, que, apezar de não se fundarem em titulo legal, forem legitimadas por esta Lei."

A partir da Lei de Terras, só se poderia ocupar as terras por compra e venda, segundo o artigo 1º, ao estabelecer que ficavam "prohibidas as acquisições de terras devolutas por outro titulo que não seja o de compra". Era iniciado, portanto, o estabele-

---

[132] Preâmbulo da Lei de Terras: "Dispõe sobre as terras devolutas no Império, e acerca das que são possuídas por titulo de sesmaria sem preenchimento das condições legais, bem como por simples titulo de posse mansa e pacifica; e determina que, medidas e demarcadas as primeiras, sejam elas cedidas a titulo oneroso, assim para empresas particulares, como para o estabelecimento de colonias de nacionaes e de extrangeiros, autorizado o Governo a promover a colonisação extrangeira na forma que se declara D. Pedro II, por Graça de Deus e Unanime Acclamação dos Povos, Imperador Constitucional e Defensor Perpetuo do Brasil."

cimento da propriedade burguesa no sistema jurídico, como já analisado.

Contudo, o artigo 5º iria trazer a regularização das posses já exercidas anteriormente à publicação da lei por determinar que seriam "legitimadas as posses mansas e pacificas, adquiridas por occupação primaria, ou havidas do primeiro occupante, que se acharem cultivadas, ou com principio de cultura, e morada, habitual do respectivo posseiro, ou de quem o represente". Ou seja, todos os que já estavam na terra receberiam o título de propriedade; porém, teriam que residir e produzir na terra. Nesse ponto, na realidade, a legitimação foi uma forma de legalização das posses exercidas, regularizando-as como propriedade privada. A criação dessa lei transformou a situação na época, porque garantiu os interesses dos grandes proprietários do Nordeste e do Sudeste que estavam iniciando a promissora produção de café.

A partir de 1850, com os primeiros sinais da abolição da escravidão, a lei tornou-se necessária para os grandes proprietários rurais que formavam a elite econômica agrária, com a tentativa de inibição da propriedade da terra através de apropriação pela posse. A análise da lei de 1850 possibilita notar, mormente, que a legitimação cuidou de amparar posses privilegiadas, pois a própria lei não concedia atenção ao pequeno possuidor. É o que se extrai da leitura do artigo 6º, ao alijar os roçados e ranchos:

"Não se haverá por principio de cultura para a revalidação das sesmarias ou outras concessões do Governo, nem para a legitimação de qualquer posse, os simples roçados, derribadas ou queimas de mattos ou campos, levantamentos de ranchos e outros actos de semelhante natureza, não sendo acompanhados da cultura effectiva e morada habitual exigidas no artigo antecedente."

A lei em comento disponibilizava a extensão de uma sesmaria para cultura e criação.[133] Cada sesmaria tinha em média 3 léguas de frente por 6 léguas de fundo. Utilizando a tabela de conversão do Ibama do ano 2000 (atual Inea), cada légua de sesmaria corresponderia a 4.356,00 hectares. Aplicando a mensuração paulista, cada hectare possui 24.200 m², isto é, por tais bases, cada sesmaria possuía 105.4152 m². Portanto, a lei contemplava para fins de legitimação a área com 316.2456 m² de frente e 632.4912 m² de fundo. Como se vê, uma gama considerável de extensão de terra.

Outro fato que se revela na lei de 1850 é que a legitimação proposta somente deveria ser utilizada quando o imóvel pertencesse ao Estado, pensamento mantido em outras legislações agrárias que surgiram posteriormente.

O Decreto-Lei nº 9.760, de 5 de setembro de 1946, dispunha sobre bens imóveis da União, com o caráter de discriminar domínios público e particular. Previa, assim, a possibilidade de legalizar as terras consideradas de domínio público, mas que estivessem ocupadas, transformando-as em particulares após exame judicial e pagamento de taxas.

"Art. 164. Proferida a sentença homologatória a que se refere o art. 57, iniciará a Fazenda Nacional a execução, sem embargo de qualquer recurso, requerendo preliminarmente ao Juiz da causa a intimação dos possuidores de áreas reconhecidas ou julgadas devolutas a legitimarem suas posses, caso o queiram, a lei o permita e o Govêrno Federal consinta-lhes fazê-lo, mediante pagamento das custas que porventura estiverem devendo e recolhimento aos cofres da União, dentro de 60 (sessenta) dias, da taxa de legitimação."

---

[133] § 1º do artigo 5º.

Já em 1964, a Lei nº 4.504 (Estatuto das Terras), mais uma vez tratou do assunto da seguinte maneira:

> "Art. 98. Todo aquele que, não sendo proprietário rural nem urbano, ocupar por dez anos ininterruptos, sem oposição nem reconhecimento de domínio alheio, tornando-o produtivo por seu trabalho, e tendo nele sua morada, trecho de terra com área caracterizada como suficiente para, por seu cultivo direto pelo lavrador e sua família, garantir-lhes a subsistência, o progresso social e econômico, nas dimensões fixadas por esta Lei, para o módulo de propriedade, adquirir-lhe-á o domínio, mediante sentença declaratória devidamente transcrita."

Percebe-se que a regularização fundiária proposta na forma de legitimação recaía sobre terras públicas federais, que necessariamente deveriam ser declaradas como tal por sentença judicial. Estabelecia também o pagamento de taxas conforme preceituava o artigo 101:

> "As taxas devidas pelo legitimante de posse em terras devolutas federais constarão de tabela a ser periodicamente expedida pelo Instituto Brasileiro de Reforma Agrária, atendendo-se à ancianidade da posse, bem como às diversificações das regiões em que se verificar a respectiva discriminação."

Em outros diplomas legais também será possível perceber a forma de legitimar posse em áreas públicas, como a Medida Provisória 2.220/01, que prevê a concessão de uso especial de acordo com seu artigo 1º:

> "Aquele que, até 30 de junho de 2001, possuiu como seu, por cinco anos, ininterruptamente e sem oposição, até duzentos e

cinquenta metros quadrados de imóvel público situado em área urbana, utilizando-o para sua moradia ou de sua família, tem o direito à concessão de uso especial para fins de moradia em relação ao bem objeto da posse, desde que não seja proprietário ou concessionário, a qualquer título, de outro imóvel urbano ou rural."

Prevê também a Medida Provisória a possibilidade de concessão coletiva, como diz o artigo 2º:

"Nos imóveis de que trata o art. 1º, com mais de duzentos e cinquenta metros quadrados, que, até 30 de junho de 2001, estavam ocupados por população de baixa renda para sua moradia, por cinco anos, ininterruptamente e sem oposição, onde não for possível identificar os terrenos ocupados por possuidor, a concessão de uso especial para fins de moradia será conferida de forma coletiva, desde que os possuidores não sejam proprietários ou concessionários, a qualquer título, de outro imóvel urbano ou rural."

Pela leitura dos artigos observa-se que a legitimação incutida na norma impõe alguns requisitos típicos da usucapião, além de outras exigências para promover não o direito de propriedade, mas outro direito real, que na qualidade de concessão de uso se manifesta como direito resolúvel; portanto, passível de ser extinto caso haja descumprimento da cláusula legal estipulada no artigo 8º:

"O direito à concessão de uso especial para fins de moradia extingue-se no caso de:

I – o concessionário dar ao imóvel destinação diversa da moradia para si ou para sua família; ou

II – o concessionário adquirir a propriedade ou a concessão de uso de outro imóvel urbano ou rural."

O mesmo se deu com a Lei nº 11.481/2007, que tratou de inúmeras formas de regularização fundiária de terras públicas, sem prever, contudo, a concessão de direito de propriedade aos ocupantes.

Nesse ínterim temporal, o Estatuto da Cidade (Lei 10.257/2001) vai imprimir a mesma concepção de legitimação através da usucapião; entretanto, somente para áreas particulares, como já analisado anteriormente.

Nesse mesmo raciocínio, a Lei nº 11.977/2009, que dispõe sobre o programa "Minha Casa, Minha Vida" e a regularização fundiária de assentamentos localizados em áreas urbanas, tratou do procedimento de legitimação de posse, considerando-a um dos efeitos da regularização fundiária de assentamentos urbanos proposta na lei. A lei dispõe que a legitimação da posse consiste em ato do poder público destinado a conferir título de reconhecimento de posse de imóvel objeto de demarcação urbanística, com a identificação do ocupante e do tempo e natureza da posse (artigo 47, IV).

O ato do poder público enseja procedimento administrativo e cartorial iniciado com o procedimento de regularização fundiária que deve ter autorização do município competente (artigo 53). Havendo a autorização do ente municipal, será procedido um auto de demarcação urbanística que deve ser instruído com plantas e certidões imobiliárias (§1º, artigo 56). Após a sua feitura, este deverá ser encaminhado ao Registro de Imóveis para que o oficial do cartório proceda à busca para identificar o proprietário da área a ser regularizada. Uma vez identificado, o proprietário será notificado (por correio ou pessoalmente), bem como os confrontantes da área demarcada, para, querendo, apresentarem impugnação à averbação de demarcação urbanística no prazo de 15 dias (§1º, artigo 57). Não sendo localizados os interessados, deverá proceder a notificação por meio de edital (§2º, artigo 57).

O que se nota a partir desse momento é a abertura de uma série de possibilidades impugnatórias; o oficial do cartório funcionará com mister judicializante, pois ficam sob sua responsabilidade vários procedimentos, inclusive conciliatórios, como adverte o §9º do artigo 57: "O oficial de registro de imóveis deverá promover tentativa de acordo entre o impugnante e o poder público." Se todo o procedimento seguir em paz, ocorrerá a averbação do auto de demarcação e aí o poder público deverá elaborar um projeto de parcelamento que também será registrado em cartório imobiliário. Somente após esse longo procedimento é que ocorrerá concessão do título de legitimação de posse aos ocupantes cadastrados.

Dessa maneira, a legitimação de posse devidamente registrada constituirá direito em favor do detentor da posse direta para fins de moradia (artigo 59), desde que não sejam concessionários, foreiros ou proprietários de outro imóvel urbano ou rural e que não sejam beneficiários de legitimação concedida anteriormente. Os lotes, objeto de legitimação, não podem ultrapassar a metragem de 250 m².

Todavia, ainda não terá o possuidor o direito de propriedade, que só se consubstanciará após decorrerem cinco anos do registro de legitimação. Nesse caso, haverá a conversão da legitimação da posse em propriedade pela usucapião, segundo determina o artigo 60 da lei em comento:

"Sem prejuízo dos direitos decorrentes da posse exercida anteriormente, o detentor do título de legitimação de posse, após 5 (cinco) anos de seu registro, poderá requerer ao oficial de registro de imóveis a conversão desse título em registro de propriedade, tendo em vista sua aquisição por usucapião, nos termos do art. 183 da Constituição Federal."

Para que haja a conversão, determina a lei a apresentação de certidões do cartório distribuidor demonstrando a inexistência de ações em andamento que caracterizem oposição à posse do imóvel objeto de legitimação de posse; declaração de que o possuidor não possui outro imóvel urbano ou rural; declaração de que o imóvel é utilizado para sua moradia ou de sua família; e declaração de que não teve reconhecido anteriormente o direito à usucapião de imóveis em áreas urbanas.

Por fim, observa-se que o título de legitimação de posse poderá ser extinto pelo poder público emitente quando constatado que o beneficiário não está na posse do imóvel e não houve registro de cessão de posse (artigo 60-A).

Faz-se notar, portanto, que há rigoroso ciclo de procedimentos e exigências para que o possuidor tenha reconhecido o direito de propriedade sobre seu imóvel. O que mais chama atenção é justamente a necessidade de esperar cinco anos, depois de todos os percalços procedimentais para o registro da legitimação, para que seja reconhecida a propriedade pela usucapião, após mais alguns procedimentos, é claro.

Diante disso, algumas questões se impõem: Por que não declarar a propriedade pela legitimação administrativa apenas, tendo em vista que sua efetividade se observa após trâmite administrativo detalhado? Será que durante o lapso temporal em que ocorre a legitimação já consubstanciada, mas não convalidada em usucapião, poderá o possuidor perder sua posse? Nesse caso, há uma posse autorizada, mas não segura o suficiente para consolidar a propriedade, mesmo sendo obedecidas tantas exigências jurídicas? A modalidade aquisicional por usucapião poderá ser aplicada em bens públicos, uma vez que há proibição constitucional de fazê-lo? Seria, portanto, uma usucapião administrativa?

As indagações trazidas à tona levam a admitir que o sistema jurídico e as estruturas estatais ainda mantêm resistência em viabilizar o acesso ao direito de propriedade àqueles que são desprovidos de condições materiais para fazê-lo, tamanha é a burocratização e os impedimentos que surgem nos modelos jurídicos postos, seja na onerosidade da aquisição registral, seja na inexequibilidade da usucapião urbana, bem como na inadequação do direito de superfície, principalmente em áreas públicas ocupadas por população de baixa renda e os entraves procedimentais da legitimação de posse.

O cerne da questão aqui levantada se situa na insistência do Estado em criar instrumentos jurídicos paralelos ao sistema de aquisição registral, justificados pela necessidade do poder público de viabilizar a moradia a todos, por força constitucional, se esses instrumentos jurídicos não se tornam aptos suficientemente para executar tal direito social. A impressão que dá é que há uma dissociação concreta entre direito de moradia e direito de propriedade. Será que o pobre não precisa do direito de propriedade para morar? É este um privilégio e, portanto, o menos favorecido deve se contentar com políticas públicas que não concedem um direito que o inclua, por exemplo, na esfera do crédito[134] e que não se reverta da faculdade de dispor?

---

[134] O crédito é citado por saber que o proprietário goza, entre tantas faculdades, do direito de dispor de seu bem livremente para garantir créditos pessoais ou não.

Essas nuanças revelam a resistência do Estado, refletida nas normas jurídicas, em não reconhecer a prática do mercado amplamente executada nas favelas. E mais, demonstram a insistência em não permitir que determinadas pessoas possam estar dentro do mercado e, assim, não estariam aptas a participar da mobilidade social "oficial".

As constatações já exibidas vão indicar que por estar fora desse universo de circulação de bens e serviços, o sujeito, pelo seu status de favelado, encontra-se fora da dimensão de proteção do próprio Estado Democrático de Direito. Dessa maneira, questões de mercado atravessam questões jurídicas, na medida em que as regras formais contribuem para os impedimentos pontuados. Nota-se que as políticas públicas que se relacionam com os instrumentos jurídicos que viabilizam o direito de moradia surgem como "presentes" estatais e, por tal razão, o beneficiário não poderá desfazer-se, dispor dele, sob pena de perdê-lo ou de não ter o reconhecimento de sua transação no mercado oficial.

Mas qual o sentido de que a moradia deve se reverter? Como apenas um elemento material que protege e abriga as pessoas ou, num sentido mais amplo, como um direito efetivo que, ao ser disponibilizado, contribui para a promoção do desenvolvimento da pessoa em várias direções? Qual o sentido do direito de morar na qualidade de direito social?

Para que seja feita a associação sugerida nas perguntas acima, deve-se contextualizar a questão dos direitos sociais dentro da dogmática jurídica. A importância desse contexto, como se verá, consiste na demonstração da desconexão que se faz entre as próprias normas jurídicas e suas interpretações pelos juristas, que acabam por impedir o acesso a direitos de maneira igualitária. Dessa forma, serão abordados autores reconhecidos no campo do direito constitucional, presentes no intricado debate dos direitos sociais, explicitando seus argumentos e contrastando-os com a realidade, especificamente no acesso ao direito de morar na qualidade de direito social.

Inicialmente, considere-se a perspectiva funcional de Gomes Canotilho, renomado jurista português, de grande influência no cenário do direito constitucional, sempre citado nos manuais sobre a matéria no Brasil, para quem os direitos fundamentais assumem uma função valiosíssima, que seria a de prestação social. Para o jurista, o direito à prestação significa, em sentido estrito, o direito do particular de obter algo através do Estado (saúde, educação, segurança social). Pontua Canotilho que se o particular tiver meios financeiros suficientes, poderá obter a satisfação das suas próprias "pretensões prestacionais" por intermédio do comércio privado (2003:408), ou seja, os direitos sociais estariam condicionados, enquanto alcance, a uma gama de pessoas não dotadas de meios financeiros capazes de realizar as pretensões de conteúdo mínimo existencial. Tanto que o autor acredita que os direitos sociais pressuporiam "um tratamento preferencial para as pessoas que, em virtude de condições econômicas, físicas e sociais, não podem desfrutar destes direitos" (2003:348). Canotilho afirma que os direitos sociais teriam o sentido de apontar para uma dimensão da democracia econômica e social. Seria a tendência de igualar todos os cidadãos no que é pertinente às prestações sociais, assegurando igual dignidade social em todos os aspectos, não se reduzindo apenas a questões previdenciárias e de assistência social. Abrangeria também "um conjunto de tarefas conformadoras" que, além de garantirem a dignidade social, contribuiriam com uma igualdade real entre os cidadãos (2003:349).

Em posição semelhante, José Afonso da Silva adverte que, nesse aspecto, o direito de moradia se posiciona como um direito positivo de caráter prestacional. No Brasil, a Emenda Constitucional nº 06, de 14 de fevereiro de 2000, inseriu no artigo 6º da Constituição Federal o direito de moradia no rol de direitos sociais. Sendo assim, tal direito envolve não só a faculdade de ocupar uma habitação qualquer. A lei exige que seja uma habitação digna, que envolva dimensões espaciais adequadas, com condições de higiene e conforto, que preserve a intimidade pessoal e familiar, caso contrário, haverá um direito empobrecido, pois, segundo o autor, não há marginalização maior que não ter um teto digno para morar (2009:315).

Assim também se equivale a posição de Ingo Sarlet ao considerar os direitos sociais como direitos a prestações que visam a realizar e garantir pressupostos materiais para uma real fruição das liberdades. No caso específico da moradia, esta assumiria dupla feição, porque possui condição de direito de defesa, encontrando-se protegida contra a violação por parte do Estado e dos particulares, como nos casos da impenhorabilidade do bem de família e de direito a prestação (como todo direito social em sentido amplo), pelas múltiplas possibilidades de efetivação concreta no acesso à moradia digna, como nos casos de concessão de financiamento a juros subsidiados ou até mesmo o fornecimento de material para construção de uma moradia própria (2009:285).

Nota-se que os autores citados defendem a formulação de categorias fundamentais de existência, em sede constitucional, para garantir, do ponto de vista normativo, condições mínimas materiais àqueles que, por condições diversas (ou por falta delas), não têm a possibilidade do produzir por si tais elementos materiais mínimos, o que conduz a um processo nivelador e igualitário, conforme DaMatta (1997: 69).

Em síntese, são direitos que necessitam ativamente da atuação do Estado para implementá-los, pois a mera estruturação normativa não induz a qualquer solução. No caso do direito de moradia, a complexidade e a dificuldade de execução surgem, de modo particular, com grandes transtornos.

Contudo, cabe observar que não há consenso entre os juristas brasileiros no que diz respeito aos direitos sociais e sua exequibilidade, em especial, a moradia. O acolhimento de uma teoria pragmática dos direitos que indique o Direito como "o caminho para conjugar soluções moralmente justificadas e economicamente eficientes" tem sido defendida por Flávio Galdino (2005:346), que, entre tantas questões, sugere uma reconstrução da noção de direito público subjetivo, levando em conta o custo que se tem na realização de alguns desses direitos.

Especificamente no campo dos direitos sociais, Ricardo Lobo Torres não os reconhece como espécie de direitos fundamentais. São diferentes, segundo o autor, mas com características complementares (2001:284). Aliás, para Lobo Torres, são direitos que não geram por si só a pretensão às prestações positivas do Estado (não atribuindo conteúdo de direito subjetivo); carecem de eficácia *erga omnes*, subordinando-se à concepção de justiça social, e encontram-se sob a reserva do possível, constituindo meras diretivas para o Estado, não se confundindo com os direitos da liberdade, nem com o mínimo existencial. São dependentes de orçamento público, de balanço das escolhas por políticas públicas em um universo fechado de recursos financeiros escassos e limitados. Afirma ainda o autor que os direitos sociais não podem prejudicar o processo econômico nacional, comprometendo as finanças públicas.

A teorização proposta por Lobo Torres sugere que, ao valorar como categoria fundamental os direitos sociais, o legislador poria em risco o "equilíbrio" econômico e a "paz" social. A moradia só seria um direito fundamental, integrando o mínimo existencial, se a pessoa fosse um sem-teto ou indigente. Já as moradias populares ou a habitação para a classe média se tornam dependentes de opções orçamentárias. Portanto, não estariam inclusas no rol dos necessitados suficientemente para ter um direito reconhecido como fundamental. Assegura o jurista que a confusão em alocar direitos sociais na esfera de direitos fundamentais estaria na aproximação conceitual entre esses e o mínimo existencial, sendo este consectário dos direitos fundamentais, conquanto que "há um direito às condições mínimas de existência humana digna que não pode ser objeto de intervenção do Estado e que ainda exige prestações estatais positivas" (2001:282). No mínimo necessário estaria o direito que possibilita as condições de sobrevivência da pessoa. Seria sua proteção positiva, que se realiza de diversas formas, como na prestação jurisdicional: educação primária, merenda escolar e saúde, mas com grandes restrições, porque "o acesso universal e igualitário às ações e serviços de saúde, assegurado no artigo 196 da Constituição, transformado em gratuito pela legislação infraconstitucional, é utópico e gera expectativas inalcançáveis para os cidadãos" (2001:287).

Mutatis mutandis, Flávio Galdino sustenta que não há como se afirmar que uma determinada pessoa possui um determinado direito fundamental quando seja absolutamente impossível, sob o prisma econômico-financeiro, realizá-lo. "Impõe-se uma prévia análise de custo-benefício para compreenderem-se as consequências das escolhas", diz o autor (2005:235).

Essa percepção de cidadania pelo viés contábil tem sido aplicada no Brasil e, especialmente, no Rio de Janeiro, há décadas. Razão pela qual se manifestaram os cortiços e, posteriormente, as favelas, uma vez que os recursos e bens urbanos não foram contabilizados para os menos favorecidos. Ao contrário, as classes privilegiadas é que podiam contar com os custos orçamentários na estruturação da cidade. Aliado a esse contexto desuniforme e desigual, o direito civil apresenta acesso ao direito de propriedade na mesma concepção de privilégio em que se apresenta o acesso a direitos de cidadania.

No início deste trabalho, no item em que foi tratada a problemática essencial da pesquisa, foi relacionada a concepção de cidadania ao modelo composto por T. H. Marshall em *Cidadania, status e classe social* (1967), teorização considerada como ponto comum nas últimas décadas pelos autores reconhecidos no debate sobre cidadania.

Marshall relaciona a cidadania como uma conquista concreta, percebendo-a como um status comum, posto que "todos aqueles que possuem o status são iguais com respeito aos direitos e obrigações pertinentes ao status", ou seja, a cidadania é a relação do indivíduo com o Estado, a partir da qual são conferidos direitos individuais num movimento em direção à igualdade de condições. Portanto, a cidadania é caráter indelével associativo de conquista de direitos, a que todos têm alcance (1967:76).

A concepção jurídica da cidadania contemporânea concebe necessariamente uma ideia universal de igualdade. Isso quer dizer que todos aqueles que estejam ligados a determinado Estado pelo vínculo da nacionalidade, de forma originária ou derivada (vinculação política), possuem igualmente direitos e deveres frente a esse mesmo Estado. Tal concepção de universalidade passa a integrar o conceito jurídico de cidadania a partir das revoluções burguesas, de modo especial, da Revolução Francesa, assim, absorvido, em geral, pela cultura jurídica ocidental, tornando-se "pressuposto jurídico da cidadania dos estados democráticos contemporâneos".[135]

Essa noção de universalidade, traduzida na ideia de conquista de direitos, foi descuidada na questão do acesso ao direito de morar no Brasil e, ao analisar as formas jurídicas que viabilizam o direito de propriedade tal como é concebido nas leis brasileiras, percebe-se que há forte resistência em permitir que o pobre se torne proprietário. Portanto, seu acesso ao direito de morar não raro advém de políticas públicas que mais se norteiam com aparatos de "favores" do que essencialmente uma condução executiva e jurídica de acesso universal a direitos e que, principalmente, o impede de participar formalmente do mercado das transações imobiliárias.

Também foi possível observar, pelo trabalho de campo realizado em Rio das Pedras, que, em decorrência dessa resistência, os favelados assumem uma feição própria de articulação não só de moradia, mas, sobretudo, articulam "direitos" que se legitimam na própria realidade local, como ocorre com o "direito de laje", o que ainda possibilita o ingresso em uma esfera mercadológica *sui generis*, com regras, procedimentos e engendramentos específicos, sejam eles adaptações de modelos formais ou não.

Nessa esfera, o irregular assume uma feição tão robusta quanto a concretude de direitos que deveriam ser disponibilizados pelo Estado se impõe como fator de extrema relevância na medida em que favorece um direito essencial e básico na vida

---

[135] Ver: MENDES, Regina Lúcia Teixeira. "Brasileiro: nacionais ou cidadãos? Um estudo acerca dos direitos de cidadania no Brasil em perspectiva comparada". Texto publicado nos cadernos de Direitos Humanos I – Direitos Negados – Questões para uma política dos Direitos Humanos, pelo Centro de Documentação da Secretaria de Direitos Humanos do Estado do Rio de Janeiro, em 2004.

das pessoas pobres, como a moradia, além de possibilitar que sejam viáveis outros ingressos em uma sociedade de consumo, como internet, TV a cabo, energia, gás e tantos outros elementos que não estão disponibilizados formalmente para tal parcela da sociedade.

Portanto, por considerar que os direitos sociais contribuem essencialmente para a formação de uma dimensão de democracia econômica e social ampla, ensejando compreender que executam a dignidade social em todos os aspectos, e que na qualidade de direitos prestacionais necessitam da atuação do Estado para sua promoção, este trabalho sugere uma reavaliação do instituto da legitimação da posse como meio administrativo eficaz para promover a aquisição do direito de propriedade aos moradores de conglomerados habitacionais precários, com todas as faculdades inerentes ao proprietário (usar, gozar, dispor e reaver), sem entraves burocráticos, desjudicializando por completo essa forma aquisicional, sem que seja necessário a convolação para a usucapião, posto que tal exigência cria os óbices já descritos, impedindo, inclusive, a aplicação em bens públicos, inviabilizando uma política fundiária ampla, como seria o *animus* da Lei nº 11.977/2009.

Percebe-se que, ainda que a lei exija lapso temporal para a legitimação da posse e, dessa maneira, transforme a posse injusta em regular, consolidando tempo legal para que seja realizada a legalização da área ao transformar diretamente a legitimação em propriedade, inclusive em áreas de domínio público abandonadas, poder-se-á, uma vez reconhecido o domínio do terreno, adequar o direito de sobrelevação nas unidades que venham a estar construídas na superfície, como ocorre no "direito de laje".

Determinado o princípio de que o primeiro ocupante assenta sua ocupação em propriedade, poderá ser feita a superfície em tantos graus quantos sejam necessários (sobrelevação).

Na questão do lapso de tempo, sugere-se a aplicação do instituto da acessão de posse,[136] haja vista que, como a descrição do campo explicitou, há intensa comercialização das posses no universo da favela. Sendo absorvidos os tempos anteriores na contagem do prazo que a norma estipula, poderá ser legitimada a melhor situação de posse em que se encontra o beneficiário, desde que consumado o tempo legal, independentemente de quantos imóveis tenham sido habitados pelo possuidor no interior da favela.

Caso contrário, se mantida a rigidez de contagem de prazo estipulado atualmente na lei, dois problemas podem apresentar-se: o primeiro é de ordem prática, uma vez que obriga que o morador não possa mudar para outro imóvel, o que não ocorre nas favelas, comumente. Não enxergar essa realidade é manter-se na concepção de que na favela não há um mercado de relações capitalistas, não se pensa em mobilidade social, instrumentalizada, por exemplo, em um mercado imobiliário suficientemente vigoroso, inclusive já descrito em capítulo próprio.

Nesse quesito, a prática cartorial exercida pelas associações de moradores poderia ser de grande utilidade, dada a existência da comprovação da cadeia de transmissão das posses arquivada em "registro". Seria estabelecer laços de cooperação entre o ente representativo da favela e o ente público, no sentido de aproveitar a organização já existente como forma de promover o acesso ao

---

[136] *Accessio temporis:* Acréscimo de tempo ou prazo permitido por lei ou previsto em contrato, acessão de tempo, previsto no art. 1.207, do Código Civil: "O sucessor universal continua de direito à posse do seu antecessor; e ao sucessor singular é facultado unir sua posse à do antecessor, para os efeitos legais."

direito de propriedade, o que consistiria não só em um estágio mais avançado de regularização fundiária, bem como de estreitar laços de comunicação mais despolitizada.

O segundo problema apresentado é de ordem jurídica, pois a lei, ao não ser absorvida nas favelas, ratifica a ilegalidade, posto que, diante da ausência de arcabouço jurídico que possa ser efetivamente aplicado tutelando direitos, as favelas constroem suas próprias formas "jurídicas", principalmente porque essas articulam um mercado intenso que viabiliza a vida local.

Não se deve olvidar, contudo, que o reconhecimento do direito de propriedade para as pessoas de baixa renda gerará outras complexidades, à medida que se apresenta como um direito que se infere no contexto capitalista ao se igualar a propriedade à mercadoria. Portanto, os ônus decorrentes de ser titular de um direito, como é concebida a propriedade, são encargos substanciais que muitas vezes não levam em conta o titular do direito, e sim o bem; ou melhor, não há diferença, nesse aspecto, entre ser proprietário de um bem e ser um proprietário capitalista, como ocorre no cálculo do IPTU, que não leva em conta a pessoa que detém o direito em si.

José Reinaldo Lima Lopes (1994:35) comenta que um trabalhador pode ter uma "propriedade que se valorize por razões alheias à sua vontade. Mas, como nunca deixou de ser trabalhador, a sua moradia, objeto do seu direito de propriedade, nunca deixou de ser, para ele, simples bem de consumo, assim, uma propriedade estática, não lucrativa".

Não levar essas considerações na composição dos custos da propriedade implica manter as digressões deparadas ao longo do tempo na questão habitacional voltada para a população carente economicamente no Brasil. Não observar as imposições onerosas decorrentes da propriedade formal, imprimindo um tratamento diferenciado através de políticas públicas que devem definir os critérios aplicados para mitigar o custo de ser proprietário para conglomerados habitacionais passíveis de regularização fundiária, consolida consideráveis dilemas e contradições, expresso nas leis aplicadas à moradia. Se de uma lado, ao viabilizar acesso ao direito de propriedade de forma igualitária, a certeza do direito produziria certeza social, de outro, não possibilitar que seus titulares possam cumprir com as obrigações onerosas decorrentes de tal titularização transformará essa certeza em incerteza. Aliás, Guilherme Leite Gonçalves (2006:216) esclarece a reiteração desses dilemas, ao dizer que "a certeza do direito absorve incerteza externa convertendo-a em incerteza jurídica". Lembra ainda o autor que, diante de cada frustração fática, as expectativas teriam que se adaptar às novas situações. "Não haveria, assim, possibilidade de diminuição da complexidade, mas somente contínua renovação de contingência, já que um novo fato produziria nova expectativa à espera de uma futura frustração" (2006:215).

As reflexões aqui expostas indicam que as possíveis soluções para conceder acesso à moradia para pobres devem ser analisadas por uma ótica ampla, compreendendo a questão habitacional de maneira absolutamente integrante ao aspecto de cidadania, buscando instrumentos genuínos que capacitem novas formulações jurídicas e, consequentemente, sociais. Caso contrário, estará sendo reproduzido, de maneira reiterada, novas frustrações e paradoxos contínuos expressos em novos desamparos legais.

As questões aqui tratadas agregam a compreensão de que a pós-graduação *stricto sensu* constitui lócus privilegiado para apreciar questões jurídicas não pela via do poder, mas para submetê-las à pesquisa acadêmica, com vista a propiciar comunicação entre os operadores jurídicos, os jurisdicionados e os estudiosos que se dediquem a tratar o Direito como ciência social aplicada e não como um conjunto de pensamentos abstratos divorciados da sociedade e de suas realidades concretas.

Com isso, espera-se que o Direito possa assumir uma dimensão mais efetiva e menos abstrata que acaba por frustrar justas expectativas de coletividades, o que fragiliza a extensão da cidadania para os brasileiros de modo igualitário. Que o mercado desiguale é compreensível, mas cabe ao Direito oferecer-lhes oportunidades jurídicas iguais. Infelizmente para os favelados e para os brasileiros pobres, o direito de acesso à moradia, ainda não absorvido como um direito fundamental, lhes impede desfrutar da propriedade de suas moradias.

CONCLUSÃO

Apesar de estabelecido no artigo 6º da Carta Magna atual como direito social, o acesso à moradia para a classe pobre ainda se encontra condicionado à situação institucionalizada no formato de favelas, como aquelas encontradas na cidade do Rio de Janeiro, em especial Rio das Pedras, favela tomada como foco da atenção desta tese.

Nota-se, portanto, que tais questões não são novas, envolvendo uma problemática constituída na formação histórica do Brasil e que através dos tempos vem ganhando formatações distintas.

As favelas cariocas não são apenas lócus de moradias de pobres, mas conglomerados organizados que exibem um modo de vida e reprodução social típicos nem sempre reconhecidos pelo Estado e que desenvolveram trajetórias históricas distintas do morador de áreas urbanizadas da cidade.

É constatável que a favela construiu uma história própria, pois, ao analisar sua trajetória, permite-se apreciar um desenvolvimento característico, apesar de em muitas circunstâncias tais conglomerados ainda serem vistos como locais de atraso.

Entre os aspectos privilegiados no trabalho empreendido foram destacados, entre outros: a formação de um mercado próprio, modos diferenciados de acesso à serviços públicos de utilização pública e de infraestrutura, limitações legais em relação à construção e aquisição de moradia. Nessa perspectiva, não só a moradia recebe conotação especial, como dela decorrem aspectos surpreendentes, resultantes do modo de vida construído na favela em que foi realizada a pesquisa. Além da construção de um mercado próprio e de maneiras diferenciadas de acesso a serviços públicos, destaca-se a presença de um mercado imobiliário local que está além da superfície. Nele distingue-se um "direito de laje", que concede considerável impulso às transações imobiliárias sem, contudo, assegurar a titularidade das propriedades, o que comumente oferece situações de insegurança e de conflito, uma vez que não são elas reconhecidas pelo ordenamento jurídico pátrio.

O direito brasileiro atual apresenta consideráveis limitações para a população brasileira que experimenta viver em moradias irregulares, sem opção para modificar o quadro que lhe oprime, não viabilizando desfrutar de um direito elementar. Dessa maneira, a presente tese teve como objetivo demonstrar e refletir sobre as evidências empíricas aqui reproduzidas a partir de uma argumentação teórica e histórica quanto ao acesso ao direito de moradia no Brasil, com atenção especial às articulações realizadas na favela de Rio das Pedras na execução de um direito que é difícil de ser conquistado por meios postos e oficiais.

Assim, as formas de apropriação, uso e aproveitamento do solo ganharam conotação especial por contribuir para a reflexão sobre as especificidades das articulações mercadológicas que a favela faz para viabilizar sua vida.

Essas articulações demonstram as limitações de acesso ao direito de propriedade, haja vista que os sistemas jurídicos e judiciários resistem a que determinados atores sociais venham a ser legitimados a adquiri-lo, uma vez que esse direito, tal como é construído na lei, inviabiliza a compra do imóvel por meios formais, mesmo sendo a moradia uma necessidade essencial à vida das pessoas.

Essa política restritiva que atinge os mais pobres institui uma segregação que concede tratamento jurídico desigual entre classes econômicas desiguais, uma vez que somente aos reconhecidamente aptos e, portanto, inseridos no mercado formal é permitido desfrutar do direito de propriedade como se encontra na textura da codificação civil brasileira.

A lógica que predomina na concessão do direito de aquisição imobiliária, como foi observado, obedece à diferenciação social entre classes, distorcendo o princípio da igualdade jurídica, sacrificando-o em favor de um modelo de hierarquização o qual os direitos são distribuídos desigualmente.

Trata-se de atraso que coloca a sociedade brasileira fora da "Era dos Direitos", como diria Bobbio (1992), e fora dos caminhos trilhados pelas sociedades que alcançaram um desenvolvimento econômico capitalista de primeira linha, associado à construção de Estados Democráticos de Direito, fundamentado nas liberdades individuais garantidas aos cidadãos igualmente, sem distinção e sem restrições de direitos básicos entre seus cidadãos.

Tal lógica, se determinada a grandes contingentes populacionais, certamente consubstanciará em respostas sem dúvidas ilegais, como acontece com a construção e regulamentação de mercados imobiliários nas favelas, à margem da lei e do direito, para legitimar a aquisição de moradia aos mais pobres.

O presente trabalho apresentou a seguinte indagação: estaríamos certos ao afirmar que o Direito é pacificador e se pauta pelo princípio da igualdade? Nessa concepção ele seria saneador de problemas, de conflitos, mas tal concepção não se confirmou em minha pesquisa, aliás, demonstrou-o como causador de problemas sociais graves, como ocorre com o impedimento do acesso ao direito de propriedade da moradia para pessoas pobres que adquirem suas casas. Nessa circunstância, o Direito é motivador de problemas, pois está vestido com a roupagem de uma hipótese perversa. As limitações impostas para a aquisição de moradia e a falta de reconhecimento à propriedade para os mais pobres, em especial os moradores de favelas, conduz o Direito a ser o instrumento de efeitos manifestos, como criação de mercado paralelo na compra e venda de moradias nas favelas. Por fim, cabe ressaltar que a reprodução dessas práticas reiteradamente não só prefigura frustrações sociais, mas, sobretudo, constituem em insistências de não tutelamento de direitos essenciais na configuração da cidadania e da própria dignidade da pessoa humana.

REFERÊNCIAS BIBLIOGRÁFICAS

ABREU, Mauricio de Almeida. *A evolução urbana do Rio de Janeiro.* Rio de Janeiro: IplanRio/Zahar, 1987.

_____. "Reconstruindo uma história esquecida: origem e expansão inicial das favelas do Rio de Janeiro." *Revista de Estudos Regionais e Urbanos.* nº 37. Ano XIV. Núcleo de Estudos Regionais e Urbanos – NERU, 1994.

AGACHE, Alfred. (1930). *Cidade do Rio de Janeiro: remodelação, extensão e embelezamento.* Rio de Janeiro, Prefeitura do Distrito Federal, 1930.

AMORIM, Maria Stella de. "Ruptura e conciliação nos Juizados Especiais. Dilemas entre novas formas de administrar conflitos e a indisponibilidade dos direitos de cidadania no Brasil." Trabalho publicado nos anais do CONPEDI. Manaus, 2006.

_____. "Homens burocráticos: Sociologia das organizações públicas do Nordeste brasileiro." Tese (livre-docência). Departamento de Sociologia da Universidade Federal Fluminense, 1975.

ASCENSÃO, José de Oliveira. *Direito civil: Reais.* 5ª edição. Coimbra Editora, 2000.

BACKHEUSER, Everardo. "Habitações populares." Relatório apresentado ao Ex.mo. Sr. Dr. J.J. Seabra, ministro da Justiça e Negócios Interiores. Rio de Janeiro, Imprensa Nacional, 1906.

BALBINO FILHO, Nicolau. *Direito imobiliário registral*. São Paulo: Saraiva, 2001.

BAPTISTA, Barbara Gomes Lupetti. *Os rituais judiciários e o princípio da oralidade: construção da verdade no processo civil brasileiro*. Porto Alegre: Sergio Antonio Fabris Ed., 2008.

BAYEUX, Glória; FRANÇA, Elisabete. "Favelas Upgrading: A cidade como integração dos bairros e espaço de habitação." *Revista Vitruvius*. Ano 03, nº 27. Agosto de 2002. ISSN 1809-6298. Data de acesso: 08/06/2010.

BEVILÁQUA, Clóvis. *Direito das coisas*. Volume II. 1ª edição. Rio de Janeiro: Forense, 1942.

BOBBIO, Norberto. *A era dos direitos*. 14ª edição. Rio de Janeiro: Editora Campus, 1992.

BOURDIEU, Pierre. *O poder simbólico*. 10ª edição. Rio de Janeiro: Bertrand Brasil, 2007.

BURGOS, Marcelo Baumann (org). *A utopia da comunidade: Rio das Pedras, uma favela carioca*. 2ª edição. Rio de Janeiro: PUC-Rio: Loyola, 2002.

_____. "Dos parques proletários ao Favela-Bairro: as políticas públicas nas favelas do Rio de Janeiro." In: _____. *Um século de favela*. Alba Zaluar e Marcos Alvito (orgs). 2ª edição. Rio de Janeiro: Editora FGV, 1999.

CÂMARA, Alexandre Freitas. "Aspectos processuais do usucapião urbano coletivo." Revista da ESMESE. nº 2, 2002.

_____. *Lições de direito processual civil*. v. I. 16ª edição. Lumen Juris Editora, 2007.

CAMPOS, Andrelino. *Do quilombo à favela. A produção do "espaço criminalizado" no Rio de Janeiro.* 2ª edição. Rio de Janeiro: Bertrand Brasil, 2007.

CAMPOS, Maurício. "Irão as favelas se tornar as vedetes do urbanismo pós-moderno?" Artigo publicado no site da Associação Brasileira de Organizações Não Governamentais em 23/03/2010. Data de acesso: 02/04/2010.

CANOTILHO, Gomes. *Direito constitucional e teoria da constituição.* 7ª edição. Coimbra: Livraria Almedina, 2003.

CARBONNIER, Jean. *Flexible Droit: Pour Une Sociologie du Droit Sans Rigueur.* 10 ed. Paris: Librairie Générale de Droit et Jurisprudence, 2001.

CARVALHO, José Murilo de. *Cidadania no Brasil. O longo caminho.* 2ª edição. Rio de Janeiro: Civilização Brasileira, 2002.

_____. *Os bestializados. O Rio de Janeiro e a República que não foi.* 3ª edição. São Paulo: Companhia das Letras, 2006.

Castanheira Neves, A. "Entre o legislador, a sociedade e o juiz ou entre sistema, função e problema – os modelos actualmente alternativos de realização juridicional do direito." *Boletim da Faculdade de Direito.* Universidade de Coimbra. V. LXXIV, 1998.

CESAR, Paulo Bastos. "Evolução da população de favelas na cidade do Rio de Janeiro: uma reflexão sobre os dados mais recentes." IPP/Prefeitura da Cidade do Rio de Janeiro. nº 20020201. Fevereiro, 2002.

CHALHOUB, Sidney. *Cidade febril:cortiços e epidemias na corte imperial.* 4ª edição. São Paulo: Companhia das Letras, 2006.

CICOUREL, Aaron. "Teoria e método de pesquisa de campo", in: GUIMARÃES, Alba Zaluar (org). *Desvendando máscaras sociais*. 3ª edição. Rio de Janeiro: Livraria Francisco Alves Editora, 1999.

CORRÊA, Cláudia Franco. "O reconhecimento jurídico do afeto: a união de pares homoafetivos." Dissertação de mestrado. Universidade Gama Filho/RJ, 2003.

COSTA, Jurandir Malerba. *Ordem médica e a norma familiar*. Rio de Janeiro: Edições Graal, 1979.

CUNHA, Neiva Vieira da. *Viagem, experiência e memória: narrativas de profissionais da saúde pública dos anos 30*. Bauru, SP: Educ, 2005.

DAMATTA, Roberto. *A casa & a rua: espaço, cidadania, mulher e morte no Brasil*. 5ª edição. Rio de Janeiro: Rocco, 1997.

_____. *Relativizando: uma introdução à antropologia social*. 2ª edição. Petrópolis: Editora Vozes, 1981.

DA SILVA, José Afonso. Curso de Direito Constitucional Positivo, 32ª edição, Malheiros, 2009.

DINIZ, Maria Helena. *Sistemas de registros de imóveis*. 8ª edição. São Paulo: Saraiva, 2009.

DURKHEIM, Emile. *As regras do método sociológico*. 17ª edição. São Paulo: Cia. Editora Nacional, 2002.

FALCÃO, Edgard de Cerqueira. "Oswaldo Cruz Monumenta Historica. Tomo I: A incompreensão de uma época." São Paulo: Brasiliensia Documenta, 1971.

FAORO, Raimundo. *Os donos do poder. Formação do patronato brasileiro*. 3ª edição. São Paulo: Globo, 2004.

FARIAS, Cristiano Chaves de; ROSENVALD, Nelson. *Direitos Reais*. 6ª edição. Rio de Janeiro: Lumen Juris, 2009.

FERREIRA, Marcos Aurélio Gonçalves. *O devido processo legal: um sentido comparado*. Rio de Janeiro: Lumen Juris, 2004.

FILHO, José dos Santos Carvalho. *Comentários ao estatuto da cidade*. 2ª edição. Rio de Janeiro: Editora Lumen Juris, 2006.

FOUCAULT, Michel. *Microfísica do poder*. 23ª edição. Rio de Janeiro: Edições Graal, 2007.

FRANÇA, Elisabete; BAYEUX, Gloria. "Favelas Upgrading. A cidade como integração dos bairros e espaço de habitação." Arquitextos, São Paulo, 03.027, Vitruvius, ago 2002 <http://www.vitruvius.com.br/revistas/read/arquitextos/03.027/756>.

FRANCO, Maria Sylvia de Carvalho. *Homens livres na ordem escravocrata*. 4ª edição. São Paulo: Fundação Editora da UNESP, 1997.

FREIRE, Letícia. "Próximo do saber, longe do progresso: história e morfologia social de um assentamento urbano no campus universitário da Ilha do Fundão-RJ." Tese de doutorado. Universidade Federal Fluminense, 2010.

FREITAS, A. Teixeira de. *Esboço do Código Civil*. Volume 2. Brasília, Ministério da Justiça. Fundação Universidade de Brasília, 1983.

FREYRE, Gilberto. *Casa-grande & senzala: formação da família brasileira sob o regime da economia patriarcal*. 51ª edição. São Paulo: Global, 2009.

FRIDMAN, Fania. "Os donos da terra carioca – alguns estudos de caso." *Revista de Estudos Regionais e Urbanos*. nº 37. Ano XIV. Núcleo de Estudos Regionais e Urbanos – NERU, 1994.

FROMM, Erich. *Conceito marxista de homem*. Rio de Janeiro: Zahar Editores, 1979.

GARCIA, Lisipo. *A transcrição*. Rio de Janeiro: Francisco Alves, 1922.

GALDINO, Flávio. *Introdução à teoria dos custos dos direitos – direitos não nascem em árvores*. Rio de Janeiro: Editora Lumen Juris, 2005.

GEERTZ, Glifford. *O saber local*. 8ª edição. Petrópolis: Editora Vozes, 2006.

GLUCKMAN, Max. *The Reasonable Man in Barotse Law*. In: Prentice-Hall Anthropology Series. New Jersey: Prentice-Hall, Inc., 1968

GOMES, Orlando. *Contratos*. 22ª edição. Rio de Janeiro: Editora Forense: 2000.

GONÇALVES, Guilherme Leite. "Os paradoxos da certeza do Direito." *Revista do Direito GV*. V. 2 N. 1 | pp. 211-222 | jan-jun., 2006.

GONÇALVES, Rafael Soares. *Les Favelas de Rio de Janeiro. Histoire et Droit. XIX-XX Siècles*. Paris: Editora Harmattan, 2010.

_____. "A construção jurídica das favelas do Rio de Janeiro: das origens ao código de obras de 1937." *Revista de antropologia urbana*. Ano 4, nº 5, fevereiro de 2007. ISSN:1806-0528.

GUIMARÃES, Alba Zaluar. *Desvendando máscaras sociais*. 2ª edição. Rio de Janeiro: Livraria Francisco Alves, 1980.

HERSCHMANN, Micael e PEREIRA, Carlos Alberto Messeder. *A invenção do Brasil moderno: medicina, educação e engenharia nos anos 20-30*. Rio de Janeiro: Rocco, 1994.

HERSCHMANN, Micael, KROPF, Simone e NUNES, Clarice. *Missionários do progresso: médicos, engenheiros e educadores no Rio de Janeiro – 1870-1937*. Rio de Janeiro: Diadorim, 1996.

JUNQUEIRA, Eliane; RODRIGUES, José Augusto de Souza. "Pasárgada revisada." *Revista Sociologia – Problemas e Práticas*. nº 12, 1992.

LEEDS, Anthony e LEEDS, Elizabeth. *A sociologia do Brasil urbano*. Rio de Janeiro, Zahar Editores, 1978.

LIMA, Roberto Kant. *Ensaios de antropologia e de direito*. Rio de Janeiro: Editora Lumen Juris, 2008.

LIRA, Ricardo Pereira. "A aplicação do direito e a lei injusta." *Revista da Faculdade de Direito de Campos*, Ano I, nº 1, Jan/Jun, 2000. pp. 13-28.

_____. "Direito de superfície e espaço aéreo." *Revista Forense*. V. 365.

_____. *Elementos de direito urbanísticos*: Rio de Janeiro Ed. Renovar, 1997.

LIMA, Ruy Cirne. *Pequena história territorial do Brasil*. Porto Alegre: Sulina, 1954.

LOBO, E. et alli. *Questão habitacional e o movimento operário*. Rio de Janeiro: Editora UFRJ, 1989.

LOPES, José Reinaldo de Lima. "Cidadania e propriedade: perspectiva histórica do direito à moradia." Cadernos de Direito Social. Ano I, nº 1. Universidade do Estado do Rio de Janeiro, 1994.

MAGALHÃES, Sergio. "Remoção de favelas divide opiniões no Rio." *Revista Olhar Virtual*. Universidade Federal do Rio de Janeiro. Edição 247, 28 de abril de 2009.

MARSHALL, T.H. *Cidadania, classe social e status*. Rio de Janeiro, Zahar Editores, 1967.

MARX, Karl. *18 Brumário e Cartas a Kugelmann*. 7ª edição. São Paulo: Editora Paz e Terra, 1997.

MELLO, Marco Antonio. "Cidades ou *commodities* para consumo?" Entrevista *Jornal da UFRJ*, maio de 2010.

_____. "Remoção de favelas divide opiniões no Rio." *Revista Olhar Virtual*. Universidade Federal do Rio de Janeiro. Edição 247, 28 de abril de 2009.

MISSE, MICHEL. *Crime e violência no Brasil contemporâneo*. Rio de Janeiro: Lumen Juris, 2006.

MIRANDA, Ana Paula Mendes. "Cartórios: onde a tradição tem registro público." Artigo publicado na *Revista Antropolítica*. Niterói. nº 8, 2000.

MOTTA, Márcia Maria Menendes. *Nas fronteiras do poder: conflito de terra e direito à terra no Brasil do século XIX*. Rio de Janeiro: *Vício de leitura*/Arquivo Público do Estado do Rio de Janeiro, 1998.

OLIVEIRA, Luís Roberto Cardoso de. *Direito legal e insulto moral: dilemas da cidadania no Brasil, Quebec e EUA*. Rio de Janeiro: Relume Dumará, 2002.

OSÓRIO, Helen. *Regime de sesmarias e propriedade da terra*. Biblos, vl. 5, 1993.

PEREIRA, Caio Mário da Silva. *Instituições de direito civil*. Volume I. 21ª edição. Rio de Janeiro: Editora Forense, 2003.

_____. *Instituições de direito civil*. Volume IV. 21ª edição. Rio de Janeiro: Editora Forense, 2003.

PIRES, Lenin dos Santos. "Arreglar não é pedir arrego: uma etnografia de processos de administração institucional de conflitos no âmbito da venda ambulante em Buenos Aires e Rio de Janeiro." Tese (Doutorado em Antropologia) – UFF – Programa de Pós-Graduação em Antropologia, 2010.

POTHIER, Robert-Joseph. *Oeuvres de Pothier Annotées et Mises em Corrélation avec Le Code Civil et La Legislation Actuelle*. Paris: Marchal et Billard, 1890, t. II.

PREFEITURA DO DISTRITO FEDERAL. *Censo das favelas; aspectos gerais*. Rio de Janeiro, Secretaria Geral do Interior e Segurança, Departamento de Geografia e Estatística, 1949.

PREFEITURA DO DISTRITO FEDERAL. *Código de obras de 1937*. Rio de Janeiro, Prefeitura do Distrito Federal, 1939.

PROJECTO DO CÓDIGO CIVIL BRAZILEIRO. Trabalhos da Commissão Especial. Segundo volume. Rio de Janeiro: Imprensa Nacional, 1902.

REVISTA ILUSTRADA, número 656 de fevereiro de 1893.

RIBEIRO, Cândido Barata. "Quais as medidas sanitárias que devem ser aconselhadas para impedir o desenvolvimento e propagação da febre amarela na cidade do Rio de Janeiro?" Tese de doutorado – Faculdade de Medicina do Rio de Janeiro, Typographia do Direito, 1877.

RIBEIRO, Luiz Cesar de Queiroz. *Dos cortiços aos condomínios fechados: as formas de produção da moradia na cidade do Rio de Janeiro*. Rio de Janeiro, Civilização Brasileira/IPPUR-UFRJ/FASE, 1997.

ROLNIK, R. "Para além da lei: legislação urbanística e cidadania (São Paulo 1886-1936)". In: Maria Adélia A. Souza; Sonia C. Lins; Maria do Pilar C. Santos; Murilo da Costa Santos. (Org.). *Metrópole e globalização – conhecendo a cidade de São Paulo*. São Paulo: Editora CEDESP, 1999.

SAGMACS. "Aspectos humanos da favela carioca." *O Estado de S. Paulo*, suplementos especiais, abril de 1960.

SANTOS, Boaventura de Sousa. "Notas sobre a história jurídico-social de Pasárgada." Texto do autor com base em sua tese de doutoramento apresentada à Universidade de Yale em 1973 sob o título *Law against Law: Legal Reasoning in Pasargada Law* (disponível em www.dhnet.org.br – acessado em 24/03/2009 e 12/05/2010).

SARLET, Ingo Wolfgang. *A eficácia dos direitos fundamentais*. 5ª edição. Porto Alegre: Livraria do Advogado, 2005.

SILVA, Iranise Alves da. *A crise da moradia: a política habitacional para classes de baixa renda de Campina Grande-PB*. João Pessoa: Universidade Federal da Paraíba, 1987.

SILVA, Maria Laís Pereira da. *Favelas cariocas, 1930-1964*. Rio de Janeiro: Contraponto, 2005.

SOARES, Danielle Machado. *Condomínio de fato: incidência do princípio da economia privada nas relações jurídicas reais*. Rio de Janeiro: Renovar, 1999.

TAYLOR, C. "A política do reconhecimento". In: TAYLOR, C. *Argumentos filosóficos*. São Paulo: Loyola, 2000.

TARDE, Gabriel. *As leis da imitação*. Porto-Portugal, RÉS-Editora, 2000.

TEIXEIRA MENDES, Regina Lucia. "Dilemas da decisão judicial: as representações de juízes brasileiros sobre o princípio do livre convencimento do juiz e outros princípios correlatos." Tese (Doutorado em Direito) – Universidade Gama Filho, 2008.

TORRES, Ricardo Lobo. *Teoria dos direitos fundamentais: a cidadania multidimensional na era dos direitos*. 2ª edição. Rio de Janeiro: Renovar, 2001.

VALLADARES, Licia do Prado. *A invenção da favela: do mito de origem a favela.com*. 3ª edição. Rio de Janeiro: Editora FGV, 2009.

_____. *Passa-se uma casa. Análise do programa de remoção de favelas do Rio de Janeiro*. 2ª edição. Rio de Janeiro: Zahar Editores, 1980.

VALOURA, Leila de Castro. "Paulo Freire, o educador brasileiro autor do termo empoderamento, em seu sentido transformador." Site: www.paulofreire.org. data de acesso: 08/03/2011.

VAZ, Lilian Fessler. *Modernidade e moradia. Habitação coletiva no Rio de Janeiro – séculos XIX e XX.* Rio de Janeiro: 7Letras, 2002.

_____. "Notas sobre o Cabeça de Porco." *Revista Rio de Janeiro*, 1, 2, jan.-abr.: 29-35, 1986.

WEBER, Max. *Economia y Sociedade.* México: Fondo de Cultura Económica, vol. II, 1964.

ZYLBERBERG, Sonia (coord.). *Morro da Providência: memórias da "favella".* Rio de Janeiro, Secretaria Municipal de Cultura, Turismo e Esportes, Departamento Geral de Documentação e Informação Cultural (Coleção Memória das Favelas, vol.1), 1992.

SITES:

http://www.favelatemmemoria.com.br

http://www.comunidadesegura.org/pt-br/MATERIA-Cidadania-favela-e-milicia-as-licoes-de-rio-das-pedras.

http://www.pi.sesc.com.br/o.asp

http://pt.wikipedia.org/wiki/Laje_(arquitetura)

http://www.abong.org.br/final/noticia.php/faq=20845

http://www.cidades.gov.br/secretarias-nacionais/programas-urbanos/biblioteca/regularizacao-fundiaria/textos-diversos/regularizacao-regularizacao-fundiaria-e-governo-federal/programapapelpassado.pdf.

ANEXOS

(ALGUNS CONTRATOS IMOBILÁRIOS REGISTRADOS NA ASSOCIAÇÃO DE MORADORES DE RIO DAS PEDRAS)

ESCRITURA DE COMPRA E VENDA

SAIBAM QUANTOS ESTE VIREM QUE NO DIA 22 DE FEVEREIRO DE 1.983, NESTA CIDADE DO RIO DE JANEIRO, COMPARECERAM Á ASSOCIAÇÃO DOS MORADORES DO RIO DAS PEDRAS SITUADA Á RUA NOVA Nº 20 JACAREPAGUÁ O SR. PEDRO ALVES DA COSTA CASADO,// BRASILEIRO, RESIDENTE NESTA CIDADE DO RIO DE JANEIRO, IND 2875-896 C.pF.371 923594867220RA DENOMINADO VENDEDOR E O SR. GONÇALO MOREIRA DE SOUZA CASADO BRASILEIRO, RESIDENTE TAMBÉM NESTA CIDADE IND.24339-633 C.P.F.371924-777-53 DENOMINADO NESTE ATO COMO COMPRADOR, QUE ENTRE SE ACORDAM NAS CLÁUSULAS // SEGUINTES OBJETO DESTA ESCRITURA.

CLAUSULA - RESOLVE O SR. PEDRO ALVES DA COSTA VENDEDOR DE UMA POSSE COM BENFEITORIA SITUADA A RUA- VILA FORTALEZA Nº 14 TRANSFERINDO=A PARA O SR; GONÇALO MOREIRA DE SOUZA COMO COMPRADOR.

CLAUSULA = FICA ACERTADO ENTRE O VENDEDOR E O COMPRADOR QUE O PREÇO DA REFERIDA POSSE COM BENFEITORIA E DE CR$ 200.000,00 (DUZENTOS MIL CRUZEIRO (PAGO POR OCASIÃO DA ASSINATURA DESTE DOCUMENTO.

CLAUSULA O =O COMPRADOR GONÇALO MOREIRA DE SOUZA, A PARTIR DESTA DATA PASSA A SER O LEGITIMO PROPRIETARIO DA REFERIDA POSSE COM BENFEITORIA NADA TENDO O SR. PEDRO ALVES DA COSTA VENDEDOR A RECLAMAR DORAVANTE

CLAUSULA = FICA TAMBÉM ACERTADO QUE O SR. PEDRO ALVES DA COSTA, NO O SR. GONÇALO MOREIRA DE SOUZA DOAM A ASSOCIAÇÃO DOS MORADORES DO RIO DAS PEDRAS A IMPORTANCIA DE CR$ 10;000,00 (DEZ MIL CRUZEIRO) DO VALOR TOTAL DO IMOVEL.PARA MELHORAMENTO DA COMUNIDADE E POR ESTAREM JUNTOS E CONCORDADOS ASSINAM A PRESENTE EM TRE VIAS IGUAIS TEOR JUNTAMENTE COM 2 DUAS TESTEMUNHAS PARA O EFEITO LEGAIS

RIO DE JANEIRO, 22 DE FEVEREIRO DE 1.983

PRESIDENTE DA ASSOCIAÇÃO DOS MORADORES DO RIO DAS PEDRAS

VENDEDOR _____

COMPRADOR _____

TESTEMUNHAS _____

ASSOCIAÇÃO DE MORADORES E AMIGOS DE RIO DAS PEDRAS
CNPJ 30.251.847/0001-00   INSC. MUNIC. 02.394.979

SEDE - RUA NOVA, Nº 20, RIO DAS PEDRAS - JACAREPAGUÁ
RIO DE JANEIRO - RJ - CEP 22753 - 040
TEL/FAX (21) 436-6765
Email: amarp@uol.com.br http://www.amarp.com.br

INSTRUMENTO DE CESSÃO PARTICULAR
DE DIREITO DE POSSE
C / BENFEITORIA

REGISTRO.:   48.0

CEDENTE.: ANTONIA COSTA DOS SANTOS GOMES DA SILVA
IDENTIDADE.: 087,912,606.   ORG. EXP.: IFP
CPF.: 012.578.967-09   Nº SOCIO.:   1
ENDEREÇO.: EST. DA GAVEA Nº 30 ROCINHA

CESSIONARIO.: JUSCELINO BEZERRA MONTEIRO
IDENTIDADE..: 100,626,613.   ORG. EXP.: IFP
CPF.: 081.376.957-45   Nº SOCIO.: 4351
ENDEREÇO.: RUA PEREIRA CASA 19

POSSE.: RUA PEREIRA Nº 14-SB LOTE 15 QD.7

O (a) cedente declara ser possuidor (a) de forma mansa e pacifica, sem contestação ou interpelação de area de posse no endereço acima descrito que no ato deste documento particular, transfere ao cessionario TODOS OS DIREITOS da mesma, imitindo desde já a mesma em todas as prerrogativas e obrigações inerentes a posse de fato, util e precaria, dando como certo e justo este documento em todos os seus termos, nada tendo a reclamar em juizo ou fora deste, assinado abaixo como partes capazes, em prova de boa fe e, em carater particular, perante duas testemunhas com copia nos arquivos da AMARP sendo ainda o (a) cedente ressarcido (a) face as benfeitorias existentes em R$ 12.000,00 .
(DOZE MIL REAIS//////////////////////////////////)

SOBRADO

Cedente.:
Companheiro(a).:
Cessionario.:
Testemunha.:
Testemunha.:

Rio, 30 de Agosto de 1999

ASSOCIAÇÃO DE MORADORES E AMIGOS DE RIO DAS PEDRAS
CNPJ: 30.251.847/0001-00 INSC. MUNICIPAL: 02394.979
RUA NOVA Nº 20 TEL / FAX: (021) 2447-9157
www.riodaspedras2004.com.br - amarp2004@hotmail.com

INSTRUMENTO DE CESSAO PARTICULAR
DE DIREITO DE POSSE
C / BENFEITORIA

REGISTRO.: 4600.0

CEDENTE.: FRANCISCO DE ASSIS GALDINO DA SILVA
IDENTIDADE.: 150,272,9 .   ORG. EXP.: SSP/PB
CPF.: 609.899.714-49   Nº SOCIO.: 6493
ENDEREÇO.: RUA DOS LIMOES, 38 - QD 4 LT 38

CESSIONARIO.: JOSE DOS SANTOS
IDENTIDADE..: 130,612,3 .   ORG. EXP.: SSP-PB
CPF.: 674.305.894-72   Nº SOCIO.: 14548
ENDEREÇO.: RUA DOS LIMOES Nº18

POSSE.: RUA DOS LIMOES Nº 18 LAJE DO 2º ANDAR

O (a) cedente declara ser possuidor (a) de forma mansa e pacifica, sem contestaçao ou interpelacao de area de posse no endereço acima descrito que no ato deste documento particular, transfere ao cessionario TODOS OS DIREITOS da mesma, imitindo desda ja a mesma em todas as prerrogativas e obrigaçoes inerentes à posse de fato, util e precaria, dando como certo e justo este documento em todos os seus termos, nada tendo a reclamar em juizo ou fora deste, assinado abaixo como partes capazes, em prova de boa fe e, em carater particular, perante duas testemunhas com copia nos arquivos da AMARP sendo ainda o (a) cedente ressarcido (a) face as benfeitorias existentes em R$ 4.000,00 .
(QUATRO MIL REAIS/////////////////////////////)
O CESSIONARIO PODE CONSTRUIR 2º
ANDAR E TERRACO NO 3º

Cedente.: Francisco de Assis Galdino da Silva
Companheiro(a).: Antonia Viana de Araujo Cartulho
Cessionario.: Jose dos Santos
Testemunha.: (ESPOSA) e Martanhe d'Alcantara dos Santos
Testemunha.: Eva Aparecida da Silva

Rio, 21 de Outubro de 2004

A M A R P

RUA NOVA Nº 20 TEL / FAX: (021) 2447-9157
www.riodaspedras2004.com.br - amarp2004@hotmail.com

INSTRUMENTO DE CESSAO PARTICULAR
DE DIREITO DE POSSE
C / BENFEITORIA

REGISTRO.:   4601.0

CEDENTE.: NILZA HONHAS NOGUEIRA
IDENTIDADE.: 088.656.58-.2   ORG. EXP.: I.F.P.
CPF.: 806.018.477-68   Nº SOCIO.: 13482
ENDEREÇO.: EST. DE JACAREPAGUA Nº 3502 LOTE 04 C 1º ANDAR

CESSIONARIO.: RILDA LUCIA BEZERRA LOPES
IDENTIDADE..: 169,119,5   ORG. EXP.: SSP-PB
CPF.: 602.864.904-04   Nº SOCIO.: 14550
ENDEREÇO.: RUA JOIZ DE FORA Nº 02 3º ANDAR QUITINETE 03

POSSE.: RUA JUIZ DE FORA Nº 02 3º ANDAR QUITINETE 03 PINHEIRO

O (a) cedente declara ser possuidor (a) de forma mansa e pacifica, sem contestaçao ou interpelaçao de area de posse no endereço acima descrito que no ato deste documento particular, transfere ao cessionario TODOS OS DIREITOS da mesma, imitindo desda já a mesma em todas as prerrogativas e obrigacoes inerentes a posse de fato, util e precaria, dando como certo e justo este documento em todos os seus termos, nada tendo a reclamar em juizo ou fora deste, assinado abaixo como partes capazes, em prova de boa fe e, em carater particular, perante duas testemunhas com copia nos arquivos da AMARP sendo ainda o (a) cedente ressarcido (a) face as benfeitorias existentes em R$ 10.000,00 .
(DEZ MIL REAIS//////////////////////////////////)
a cessionaria tem direito a usar a laje

forma de pagamento 8.000,00
no ato da compra e 2.000,00
a ser pago dia 30/01/05

Cedente.: _Nilza Honhas Nogueira_

Companheiro(a).: _____

Cessionario.: _Rilda Lucia Bezerra_

Testemunha.: _Rosilei Bezerra da Silva_

Testemunha.: _Luciana Nogueira Batista_

Rio, 22 de Outubro de 2004

ASSOCIAÇÃO DE MORADORES E AMIGOS DE RIO DAS PEDRAS
CNPJ: 30.251.847/0001-00 INSC. MUNICIPAL: 02394.979
RUA NOVA Nº 20 TEL: (021) 2447-9157

AMARP

INSTRUMENTO DE CESSAO PARTICULAR
DE DIREITO DE POSSE
C / BENFEITORIA

REGISTRO.: 8500.0

CEDENTE.: JOSE MARIA ALVES DE CARVALHO/JORGE ALBERTO MORETH
IDENTIDADE.: 081.101.453.   ORG. EXP.: IFP
CPF.: 025.212.517-71   Nº SOCIO.: 7020
ENDERECO.: RUA PINHEIRO, Nº 14-B

CESSIONARIO.: RAIMUNDO ANTONIO FARIAS DE LIMA
IDENTIDADE..: 116.020.46-.2   ORG. EXP.: SSP-RJ
CPF.: 075.013.057-14   Nº SOCIO.: 13583
ENDERECO.: RUA DAS TULIPAS Nº 26 AREAL I

POSSE.: RUA MORETH Nº 45 QD 05

        O (a) cedente declara ser possuidor (a) de forma mansa e pacifica, sem contestaçao ou interpelaçao de area de posse no endereço acima descrito que no ato deste documento particular, transfere ao cessionario TODOS OS DIREITOS da mesma, imitindo desda já a mesma em todas as prerrogativas e obrigacoes inerentes a posse de fato, util e precaria, dando como certo e justo este documento em todos os seus termos, nada tendo a reclamar em juizo ou fora deste, assinado abaixo como partes capazes, em prova de boa fe e, em carater particular, perante duas testemunhas com copia nos arquivos da AMARP sendo ainda o (a) cedente ressarcido (a) face as benfeitorias existentes em
R$ ******,**.
(DUZENTOS E QUARENTA MIL REAIS//////////////////)
        OBS: O IMOVEL REFERE-SE AO
        TERREO,3º E 4º ANDAR.

Cedente.: _____
Companheiro(a).: _____
Cessionario.: _____
Testemunha.: _____
Testemunha.: _____

Rio, 15 de Janeiro de 2008

_____
A M A R P

ELI BITTENCOURT
Presidente da AMARP

CNPJ: 30.251.847/0001-00 **INSC. MUNICIPAL:** 02394.979
RUA NOVA N° 20   TEL: (021) 2447-9157

AMARP

INSTRUMENTO DE CESSAO PARTICULAR
DE DIREITO DE POSSE
C / BENFEITORIA

REGISTRO.:   8501.0

CEDENTE.: ADRIANO GANZER
IDENTIDADE.: 468.610.2-5.   ORG. EXP.: SSP-RS
CPF.: 034.463.139-74   N° SOCIO.: 16886
ENDERECO.: ESTRADA DE JACAREPAGUA N° 3705 FDS LT 04 APTO 302

CESSIONARIO.: JOAO DE MACEDO/MARIA PAULA RODRIGUES VERAS
IDENTIDADE..: 857.018.981.   ORG. EXP.: SSP-MA
CPF.: 837.163.003-49   N° SOCIO.: 17463
ENDERECO.: EST. DE JACAREPAGUA N° 3705 APT 01

POSSE.: EST. DE JACAREPAGUA N° 3705 FDS LT 04 APT 01 (PINHREIRO)

       O (a) cedente declara ser possuidor (a) de forma mansa e pacifica, sem contestaçao ou interpelaçao de area de posse no endereço acima descrito que no ato deste documento particular, transfere ao cessionario TODOS OS DIREITOS da mesma, imitindo desde já a mesma em todas as prerrogativas e obrigações inerentes a posse de fato, util e precaria, dando como certo e justo este documento em todos os seus termos, nada tendo a reclamar em juizo ou fora deste, assinado abaixo como partes capazes, em prova de boa fe e em carater particular, perante duas testemunhas com copia nos arquivos da AMARP sendo ainda o (a) cedente ressarcido (a) face as benfeitorias existentes em R$ 22.000,00 .
(VINTE E DOIS MIL REAIS/////////////////////////)
       OBS: O CESSIONARIO TEM DIREITO DE USAR A AGUA DA CAIXA E A SISTERNA.

Cedente.: _____
Companheiro(a).: _____
Cessionario.: João de Macedo / Maria Paula R. Veras
Testemunha.: _____
Testemunha.: _____

Rio, 15 de Janeiro de 2008

_____
A M A R P

ELI BITTENCOURI
Presidente da AMARP

AVISO IMPORTANTE :
Obras e alteracoes no imovel sao obrigadas a serem comunicadas a 'AMARP'

ASSOCIAÇÃO DE MORADORES E AMIGOS DE RIO DAS PEDRAS
CNPJ: 30.251.847/0001-00 INSC. MUNICIPAL: 02394.979
RUA NOVA Nº 20   TEL: (021) 2447-9157

AMARP

INSTRUMENTO DE CESSÃO PARTICULAR
DE DIREITO DE POSSE
C / BENFEITORIA

REGISTRO.:   10332.0

CEDENTE.: ALVARO ALVES MELO
IDENTIDADE.: 12.,300,.99.0-   ORG. EXP.: DETRAN
CPF.: 426.413.063-87   Nº SOCIO.: 13117
ENDEREÇO.: RUA DAS DALIAS Nº 30

CESSIONARIO.: JUDITE MACENA DOS SANTOS
IDENTIDADE..: 112.492,038.   ORG. EXP.: IFP
CPF.: 983.867.787-68   Nº SOCIO.: 3592
ENDEREÇO.: RUA FLOR-DAMA DA NOITE, Nº 45

POSSE.: RUA DAS DALIAS Nº 24 1º ANDAR AREAL I

O (a) cedente declara ser possuidor (a) de forma mansa e pacifica, sem contestação ou interpelação de area de posse no endereço acima descrito que no ato deste documento particular, transfere ao cessionario TODOS OS DIREITOS da mesma, imitindo desde já a mesma em todas as prerrogativas e obrigações inerentes a posse de fato, util e precaria, dando como certo e justo este documento em todos os seus termos, nada tendo a reclamar em juizo ou fora deste, assinado abaixo como partes capazes, em prova de boa fe e, em carater particular, perante duas testemunhas com copia nos arquivos da AMARP sendo ainda o (a) cedente ressarcido (a) face as benfeitorias existentes em R$ 22.000,00 .
(VINTE E DOIS MIL REAIS///////////////////////////)
        OBS:COM DIREITO A FUTURAS
            CONTRUCOES.

Cedente.: _____Dela_____

Companheiro(a).: _____

Cessionario.: a juditi macêna dos santos_____

Testemunha.: _____

Testemunha.: _____

Rio, 27 de Junho   de 2009

Jorge Alberto Moretti
A M A R P
Jorge Alberto Moretti
Presidente da AMARP

AVISO IMPORTANTE :
Obras e alterações no imovel sao obrigadas a serem comunicadas a 'AMARP'
NÃO O FAZENDO, ESTE CADASTRO FICARA SEM VALIADE , inclusive para COMPRA ou VENDA

ASSOCIAÇÃO DE MORADORES E AMIGOS DE RIO DAS PEDRAS
CNPJ: 30.251.847/0001-00 INSC. MUNICIPAL: 02394.979
RUA NOVA Nº 20   TEL: (021) 2447-9157

AMARP

INSTRUMENTO DE CESSÃO PARTICULAR DE DIREITO DE POSSE
C/BENFEITORIA

Nº2010/200363

CEDENTE: MARIANA CONCEIÇAO DE OLIVEIRA
IDENTIDADE: 20.694.352-4   ORGÃO EXP: DIC/RJ
CPF : 107.862.837-85   ASSOCIADO :
ENDEREÇO: AV. ENG SOUZA FILHO Nº42

CESSIONARIO: ANTONIO MONTEIRO DE SOUZA
IDENTIDADE: 03286402-7   ORGÃO EXP: IFP/RJ
CPF: 466.485.937-68   ASSOCIADO :
ENDEREÇO: EST. DO SERTÃO Nº555 CASA 09

ENDEREÇO DE POSSE :   RUA OITO Nº62 – 2º ANDAR

NÃO CONSTRUIR E NEM REFORMA SEM COMUNICAR A AMARP.

O(a) cedente declara ser possuidor (a) de forma mansa e pacifica, sem contestação ou interpelação de área de posse no endereço a cima descrito, que no ato deste documento particular, transfere ao cessionário TODOS OS DIREITOS da mesma, emitindo desde já na mesma em todas as prerrogativas e obrigações inerente a posse de fato, útil e precária, dando como certo e justo este documento em todos os seus termos, nada tendo a reclamar em Juízo ou fora dele, assinando abaixo como partes capazes, em prova de boa fé e, em caráter particular e definitivo , perante duas testemunhas,Com copia nos arquivos da AMARP .sendo ainda o cedente ressarcido em face as benfeitorias existentes em R$ 16.000,00 (DEZESSEIS   MIL   REAIS).

OBS: ESTE DOCUMENTO REFERE-SE A UMA QUITINETE NO 2º ANDAR.

CEDENTE: _____
CESSIONÁRIO: _____
TESTEMUNHA: _____
TESTEMUNHA: _____

Rio de Janeiro 02 de Agosto de 2010

_____
PRESIDENTE DA JUNTA GOVERNATIVA
JORGE JOSE ALVARO

OBS: Este documento foi confeccionado de acordo com a vontade das partes nele identificadas, tendo em vista as informações por estas prestadas.
NÃO MALTRATE O MEIO AMBIENTE,VOCE DEPENDE DELE PARA VIVER.
PRESERVE SUA VIDA E DE SEUS FAMÍLIARES,NUNCA MOREM EM LOCAL DE RISCO

"Sempre imaginando como atendê-lo melhor"
Avenida Santa Cruz, 636 * Realengo * RJ
Tels.: (21) 3335-5167 / 3335-6725
e-mail: comercial@graficaimaginacao.com.br